TROUVER

DIEU

PAR LA PRIERE

Nouvelle édition révisée

Daniel Jean Marie Buclet

ASSOCIATION 14 – RETOUR À LA SOURCE

I.S.B.N : 978-2-7466-7991-7

À la mémoire de Danielle

L'Association 14 – Retour à la Source se donne pour buts le développement de la conscience personnelle et l'initiation à la Prière et à la réinterprétation de la vie. L'Association pratique des animations de stages et de conférences, des séances et ateliers individuels ou en groupe, sur les sujets qui relèvent de ses buts.

L'association réalise la publication et la diffusion d'ouvrages dans les domaines de la Spiritualité pratique à travers la Prière.

SOMMAIRE

AVANT PROPOS

Lorsque l'on cherche Dieu on le trouve. Les paroles de Jésus résonnent dans l'esprit de chaque Chrétien : "demandez et il vous sera donné", "frappez et on vous ouvrira". Nous connaissons tous ces phrases inoubliables, car elles nous conduisent à demander de l'aide dans la détresse physique ou morale. Pourquoi pas ? Mais elles veulent nous dire bien plus que cela. Car est-ce la vraie prière que de demander lorsque le manque nous taraude ? Qui a dit "vous demandez et vous pensez que vous n'obtenez pas de réponse" ? Peu importe en fait, car il s'agit de découvrir une vérité qui vous ouvrira les portes de votre vraie nature d'enfant de Dieu. Rien moins que cela !

La vraie prière consiste à réaffirmer, sans cesse, la réalité de notre être: nous sommes les fils et filles de Dieu, notre Père, l'Esprit Créateur à l'origine de toute chose. Nous sommes en route pour nous unir à notre Père dans la perfection de son Être.

La prière de demande sous-entend que nous manquons de quelque chose ; elle affirme indirectement que nous nous croyons séparés de notre bien ; elle creuse le fossé qui nous sépare de la divinité en nous. La seule prière empreinte de puissance consiste à affirmer et à réaffirmer, chaque jour, la réalité de qui nous sommes : des êtres complets, porteurs de la nature de Dieu. La répétition quotidienne de cette prière est nécessaire car comme l'eau polit les galets des rivières, elle polit notre cœur et notre esprit pour les débarrasser de la gangue qui les enveloppe. Elle purifie notre pensée, la libérant du rêve hypnotique que des générations de négativité ont imprimé en nous.

Ce faisant nous entrons dans la Voie de la découverte de l'unique réalité : la transcendance de notre âme en chemin vers sa vraie nature de fille de Dieu.

Alors n'hésitons pas plus et examinons les prières qui nous ont été offertes au cours du temps par les esprits éclairés, balises du chemin.

En prologue à cette randonnée dans les prières, Il pourrait être intéressant de chercher à retrouver ce que nous pensons de Dieu, si nous écartons les idées reçues, les dogmes et les tabous qui nous obscurcissent la vue. Ce qui suit est le fruit de très nombreuses prières et de méditations, apparu comme une réponse aux questions de celui qui cherche et est entré dans la voie comme un pèlerin.

Prêts à sauter le pas ? Allons-y !

1 UNE VISION DU DIVIN

Nous allons donc nous pencher sur la vision que nous avons de Dieu, dans le cadre d'une démarche logique - presque scientifique - mais ô combien aimante de la vérité. Nous allons tenter de traduire avec notre langage peu adapté des notions qui dépassent notre capacité de compréhension naturelle. Il faut bien essayer.

Partons d'une l'idée générale que nous pouvons nous faire de Dieu notre Père. Notre approche est de prime abord très intellectuelle, mais ses conséquences nous conduirons loin :

- Pour nous Dieu est l'Esprit infini. Il n'a ni fin ni commencement. Il n'est pas fini (et nous ne nous attarderons pas particulièrement sur cet aspect "pas fini" qui en soi peut engendrer des réflexions surprenantes).
- Dieu est aussi clairement inconditionné. Il ne dépend d'aucune condition, en aucune sorte, et Il ne pose aucune condition car Il est l'Absolu.
- Et enfin, Il est illimité, en quelque domaine que ce soit.

Cette idée centrale est comme le noyau dur de notre foi. Dieu ainsi est JE SUIS, un point c'est tout.

Avançons sur le terrain des conséquences de notre idée de Dieu :

- La première déduction qui s'impose est la source même du monothéisme : Dieu est unique !
  En effet, dans la dualité, ou dans la multiplicité, apparaissent les limitations, les séparations et les conditions. Si je suis l'un je ne suis pas l'autre ; si je suis avec l'un je ne peux pas être avec l'autre…

Dieu ne peut donc qu'être unique et rien n'est en dehors de Lui. Il est tout en tout. Rien n'est au-delà de l'illimité et de l'infini. Tout y est inclus.

JE SUIS TOUT CE QUI EST.

- Nous constatons immédiatement que rien n'étant extérieur à Dieu, Dieu voit en lui-même, Il est sa propre référence. Ceci veut simplement dire que Dieu est l'Esprit subjectif universel. Autrement dit, en Dieu il n'y a aucune objectivité. Pour nos esprits soi-disant scientifiques et cartésiens le paradoxe est fort. Mais c'est la vérité. Il n'y a rien à voir de façon objective (comme on voit un objet extérieur) puisque rien n'est en dehors de Dieu tel que nous Le percevons. De même, Dieu ne peut pas être vu objectivement en dehors de Lui-même, puisqu'il n'y a rien en dehors de Dieu.

JE SUIS CE QUE JE SUIS.

- Pour nous, cette déclaration doit être traduite par : *je suis ce que je crois*. Subjectivement, et c'est notre nature d'enfants de Dieu, nous sommes ce que nous croyons. Nous sommes ce que nous pensons. Nos pensées sont créatrices du monde que nous voyons. Le monde est dans le regard que nous portons sur lui.
Jésus insistait beaucoup sur la foi. "Il vous sera fait selon votre foi". "À celui qui croit tout est possible".

Nous avons ainsi atteint un premier *corpus* central de la nature de l'Être.

Partons plus avant en terres inconnues :
- Dieu est la Vie, Dieu est Vivant. La mort, dans notre conception, est l'ultime limite, redoutée et semble-t-il

porteuse de néant. Mais dans notre vision de Dieu, la mort n'a pas de place car aucune limite n'est en Dieu.

Notons au passage que nous ne devons pas confondre la mort de l'être avec la soi-disant mort qu'est notre séparation du corps après notre séjour terrestre, qui ramène l'âme à sa source.

Donc nous pouvons joyeusement dire que Dieu est la Vie. La vie c'est l'effervescence bouillonnante, l'expansion dynamique, la créativité incessante, "le plus et le nouveau" comme il est dit dans le Dialogue avec l'Ange. Dieu ne peut pas être statique car ce serait une forme de limitation.

Cette conception est difficile à concevoir dans notre perception habituelle, mais en y pensant profondément c'est une claire évidence que l'infini réside aussi dans l'éternelle nouveauté.

- Dieu est le Bien. Ici encore nous allons pousser notre réflexion sur les chemins étranges de la logique pure et dure. Qu'est-ce que le mal ? La source du mal est le manque. Réfléchissons bien : le manque de quoi que ce soit engendre l'insatisfaction, le malaise, la crainte voire la peur et la haine… Pourquoi manquons-nous de quoi que ce soit ? Parce que nous nous sentons séparés, exclus, limités. En fait, le manque est enfant des limitations, des conditions et de la finitude apparentes.

  Or, en Dieu il n'y a définitivement rien de tel. Pas de limitation, pas de condition donc pas de manque, donc pas de mal. Nous sommes complets en Dieu.

  Dieu est le Bien parfait, la plénitude et la complétude, conformément à Sa nature. Et nous en Dieu nous sommes de même nature.

Voyons où nous pouvons nous aventurer plus loin dans la vision de la Réalité de Dieu :

- Dieu est puissance. Nous apprenons depuis notre tendre enfance que Dieu est le Tout-Puissant. Eh ! bien il devient clair que l'impuissance représente une limitation qui ne peut pas être une réalité en Lui.

Non seulement Dieu est, mais aussi Dieu peut dès qu'Il le veut. Comprenons que derrière ce qui paraît simple se cache comme toujours une vérité passionnante. Nous sommes dans la même démarche que dans la Vie, Il peut toujours être plus.

Je suis donc Je peux.

- Dieu est l'énergie primordiale. Nous sommes ici très proches de nos astrophysiciens et "l'énergie du vide". L'énergie primordiale est la force qui meut toute chose, la source de l'immuable mouvement (la statique n'a pas de place en Dieu). Elle est aussi le souffle qui anime tous les êtres, la source même de la vie.

  Nous le savons, plus de vie c'est plus de mouvement : la plante est plus mobile que le roc, l'animal est plus mobile que la plante et l'esprit, qui est au-dessus, est plus mobile que la matière, n'est-ce pas ?

Quelle beauté se dégage de notre vision même si elle se présente comme une approche qui semble *a priori* ardue et un peu sèche !

Nous pouvons maintenant parcourir de nouveaux chemins qui, paradoxalement, sont familiers : Dieu est Amour, Dieu est Vérité, Dieu est lumière. Oui bien sûr, nous le savons tous. Mais est-ce aussi clair, au-delà des mots tellement galvaudés ?

- Dieu est Amour. Bien ! Mais encore.
  Dans le Dialogue avec l'Ange[1], il nous dit que l'Amour c'est le don. Ils répètent : l'AD donne, l'AD c'est *l'Agnus Dei*, le Christ qui se donne pour l'éveil de l'humanité.

---

[1] *Aubier éditeur 1990*
[2] *Comprenons que le langage biblique est technique et que cet aspect est à la source de*

L'Amour c'est le Don. Que de force dans cette équation qui identifie le don et l'amour. Tout d'abord, comprenons que le don véritable donne sans condition, tout comme l'amour vrai. Un don conditionnel est une transaction, un marchandage. Dans le don il ne peut pas y avoir de refus. *Non* n'est pas une option en cela. Seul le *oui* est juste. Nous sommes au cœur de l'acceptation clé de voute de toute démarche spirituelle (demandez-donc aux grands mystiques de toutes religions). L'Amour Divin est tel que seul le *oui* est une réponse juste et naturelle. Quand j'aime je me donne à l'amour. Le sentiment amoureux n'est souvent que l'inverse, projection sur un être qui est transformé en objet (!) du sentiment. Voyez-vous le piège dans lequel nous tombons sans cesse ?

Alors reconnaissons l'Amour de Dieu pour ce qu'Il est. Et rendons-Lui cet amour, comme le petit enfant dans les bras de son père.

- Dieu est Vérité. Quoi de plus vrai ?
  Prenons le mensonge et son but. Il veut cacher, masquer, travestir. Son but est de limiter la perception d'une situation ou d'un acte. Nous comprenons que le mensonge ne peut pas prendre place en Dieu puisqu'Il est par nature sans limite.
  Alors Dieu est sans mensonge, c'est-à-dire vrai. Mieux même, Il est la Vérité en soi, ce que nous devrions appeler l'Unique Réalité. Nos perceptions nous montrent une soi-disant réalité qui n'est cependant qu'apparence et illusion, dans un monde manifesté qui n'est que le résultat de nos pensées, de nos croyances limitées et restreintes.

- Dieu est Lumière. Tout le monde le sait !
  Là où est la lumière les ténèbres disparaissent retournées au néant. Les ténèbres entravent la vue et limite notre

compréhension. Il est donc manifeste qu'elles ne sont pas de Dieu. Rien n'entrave Dieu et son action. Cette action est Lumière. Jésus nous désignant comme fils de Dieu nous dit : «vous êtes la lumière du monde» car cette qualité est essentiellement celle de l'Esprit dont nous sommes issus.

Combien de pas avons-nous faits ainsi ? Aucun, mais nous sommes maintenant plus centrés sur l'Unique Réalité au cœur de nous-mêmes, là où se trouve Dieu.

« Garde ton cœur plus que tout car en lui se trouvent les sources même de la Vie. Tu es la sentinelle à la porte de ton cœur et cette sentinelle n'est jamais relevée ».

Il nous reste les trois derniers pas à faire dans notre vision : la connaissance, la conscience et la liberté.

- La Co-naissance est fondamentalement l'action de Dieu. Le Créateur nous fait naître en Lui, hors du temps qui n'existe pas en Dieu, éternel présent. Nous sommes donc en connaissance, tous unis en Dieu.
  N'avez-vous jamais senti que pour pénétrer la compréhension d'un être, homme, animal ou plante vous deviez faire connaissance, c'est-à-dire entrer en lui, être lui suffisamment pour en savourer toute la réalité. Si vous voulez tailler un rosier comprenez sa réalité et connaissez-le. Il se réjouira en fleurissant abondamment.

- Le prochain aspect de l'Être est apparemment bien connu, enfin, peut-être !
  La conscience universelle est la plus haute vibration du partage de l'être, de la vie, de la félicité, de la paix et de la communion.
  Peut-on en dire plus sur cet accomplissement ? Non il est à vivre, c'est tout.

- Enfin, le sommet si mal compris dans son reflet dans notre monde limité (par nos pensées), la Liberté. Dans un monde fini, limité et conditionné la liberté des uns se termine où commence celle des autres. Mais le monde réel de l'esprit n'est pas ainsi. La liberté est le statut normal de l'être.

  Dieu est libre, Il est la liberté sans entrave. Ceci ne peut être atteint par chacun de nous que par l'acceptation de Dieu en notre cœur : refus de la peur et don d'amour, partage avec tous nos frères de nos vies jusqu'à la fin de la vie terrestre pour entrer dans la lumière de la vérité et de la communion. L'acceptation est la source de la liberté.

Ma liberté commence où commence la tienn, mon frèree.

Maintenant, le chemin est ouvert, droit devant. N'oublions pas, le but est le chemin.

2 LE NOTRE PERE

Notre Père

Notre Père, qui es aux Cieux,
Que ton Nom soit sanctifié,
Que ton règne vienne,
Que ta Volonté soit faite sur la Terre comme au
Ciel.
Donne-nous aujourd'hui notre pain quotidien.
Pardonne-nous nos offenses, comme nous
pardonnons à ceux qui nous ont offensés.
Ne nous induis pas en tentation,
Mais délivre-nous du mal.

Amen

-o-

Jésus nous a enseigné cette prière que chaque enfant élevé dans la tradition chrétienne sait par cœur dès son plus jeune âge. Pendant longtemps nous n'en comprenons pas tout le sens au-delà de cette notion qu'il existe un Père quelque part dans les « Cieux », sans que nous sachions bien précisément de quoi il s'agit. Ce Père est un peu craint car il est réputé nous demander de bien nous comporter dans notre vie de tous les jours. Nous pensons qu'il nous juge et nous récompense suivant la qualité de nos actions quotidiennes. Ceci nous conduit souvent à un sentiment de culpabilité lorsque nous avons suivis nos pulsions profondes qui semblent en contradiction avec l'enseignement religieux. Nous allons voir que tout cela peut s'éclairer dans une meilleure compréhension de la vérité spirituelle.

Cependant, cette prière nous donne au moins – à un premier niveau de compréhension – un sentiment de sécurité et nous enjoint quelques règles de comportement, parfois un peu obscures : *que ton nom soit sanctifié, que ton règne arrive, pardonne nous nos offenses…* Nous sentons bien obscurément que ces versets nous donnent un message essentiel à la qualité de notre vie, mais la compréhension en reste bien faible.

Peut-être pouvons-nous pénétrer plus au cœur de ce message qui mérite une profonde méditation pour atteindre une lecture éclairée. Et la première question qui vient à l'esprit porte sur les deux premiers mots, si étranges à l'époque alors que Dieu était perçu comme un Être jaloux et coléreux. Jésus a donc délivré un message fort, volontairement, pour nous faire prendre conscience de quelque chose d'important qui avait échappé jusque-là, quoique présent dans toute la Bible mais caché derrière une expression symbolique très profonde.

Essayons donc de mieux comprendre ce que Jésus nous a transmis.

- **Notre Père,**

Avec ces deux mots si simples et si familiers pour tous les êtres humains, Jésus tire un trait définitif sur la vision apparente de l'Ancien Testament, avec un dieu jaloux et plein de colère[2] à causes du péché des hommes. Péchés de cette humanité *coupable* (?) de ne pas le reconnaître ! Jésus nous dit que Dieu est notre père, rien moins que cela. C'est une immense promesse que cette vision de Dieu par rapport à nous : nous sommes tous ses enfants, donc égaux sur ce plan, de même nature que Lui, esprit créateur. Nous pouvons tous l'aimer en reconnaissant sa présence protectrice permanente. Mais comment aimer quelqu'un que l'on ne voit pas ?

Le père pour chacun de nous c'est le géniteur, celui qui nous a engendré, qui « nous a mis au monde »[3], au sein de la Matrice universelle en qui repose la Vie. C'est aussi celui qui nous « élève », qui nous guide et nous aide à grandir, avec attention, dévouement et amour. Il nous protège dans l'apprentissage de la vie, de ses vicissitudes et de ses dangers[4], sans compter sa patience ni sa sollicitude.

Il partage avec amour les joies lorsqu'une étape est franchie avec bonheur. Il nous console lorsque l'erreur nous a meurtris. Il nous tient par la main jusqu'à ce que nous puissions avancer seuls sans crainte pour assumer notre responsabilité vitale.

Voilà ce que le Père évoque en chacun de nous. Et nous savons

---

[2]*Comprenons que le langage biblique est technique et que cet aspect est à la source de notre incompréhension. Comprenons maintenant que le mot colère n'y exprime pas le sentiment commun ; il s'agit en fait de Dieu en action, action correctrice : la colère indique que la Perfection de l'Esprit agit à l'intérieur de l'être pour l'amener à la vision juste par la prise de conscience des souffrances induites par l'erreur de comportement envers soi et envers les "autres".*

[3] *Notez bien cette expression qui dit exactement ce qu'elle veut dire : nous sommes mis au monde, âmes préexistantes qui viennent dans ce monde où nous vivons aujourd'hui.*

[4] *Remarquons que la plupart du temps nous pensons aux dangers physiques ; mais il s'agit avant tout des dangers spirituels, de ceux de l'ignorance de notre vraie nature qui nous font prendre l'apparence pour la réalité et commettre erreur sur erreur, ce qui constitue le seul réel danger pour l'âme.*

bien ce que cela représente pour nous lorsqu'il nous manque ! Ceux qui n'ont pas connu leur père en souffrent toute leur vie.

Mais dans cette prière, **La Prière** que Jésus a enseignée à ses disciples, qui est donc ce Père dont il a si souvent parlé ? Qui est Dieu dont tous les hommes parlent, chacun à sa manière ?
Ici Jésus ajoute quelque chose qui donne la clef de cette interrogation :

- **qui es aux Cieux,**

Il est de la nature de ce Père d'être au Ciel, le siège de l'esprit dans le langage technique de la Bible. Ce Ciel n'est ni un lieu ni un état mais bien plus que cela, difficilement concevable par notre entendement humain, seulement approché par les mystiques en méditation profonde. C'est l'*endroit* où Je Suis, c'est la Conscience d'Être, hors du temps et de l'espace de nos sens.

Ainsi il devient clair que notre Père est l'Esprit dans son sens le plus pur. Notre Père, c'est l'Esprit subjectif universel[5], dont nous avons l'intuition qu'il est sans limite ni condition, infini et total, personnel et impersonnel. Notre père dont nous parle Jésus est Dieu Lui-même.

Le père, comme nous le savons bien, c'est le protecteur de notre enfance, le consolateur des moments difficiles, celui qui ramène la confiance dans les périodes de désespoir, celui à qui on peut tout demander quand le besoin s'en fait sentir. Enfant il nous paraissait tout-puissant.
Dieu est donc tout cela, nous dit Jésus. Il est notre rempart contre nos craintes, à nous qui sommes encore dans l'enfance spirituelle. « En Lui je me confie. »
Imaginons-nous blottis dans les bras divins, comme nous l'étions

---

[5] *Cf. Troward, La Pensée Créatrice, Unité Universelle 1987.*

dans ceux de notre père terrestre. Cette image nous transporte instantanément dans un bien-être protecteur, calme et confiant, car le père pour chacun est l'homme fort qui nous protège en toutes circonstances.

Alors, voir en Dieu notre Père c'est l'idée la plus merveilleuse qui soit !

Dieu est notre père, d'accord !

Mais *Dieu est Dieu*, c'est-à-dire sans limite, unité suprême[6].

Pour mieux trouver ce Père, cherchons alors quels peuvent être les attributs de Dieu, Esprit subjectif universel et inconditionné. Comment pouvons-nous les concevoir avec notre esprit objectif limité et conditionné ? Et par-là, comment pouvons-nous approcher une petite compréhension de Ce qui est innommable puisque illimité ? L'homme est à l'image et selon la ressemblance de Dieu. Notre esprit borné ne concerne que notre intellect, celui que nous mettons en œuvre à chaque instant dans la vie matérielle. Mais en réalité lorsque nous nous en donnons la peine, nous avons accès au fond de nous à cette image de Dieu, et par cette porte nous pouvons commencer à concevoir la réalité de Dieu. La porte en est la méditation.

-0-

<hr>

[6] *Dieu est la Vie : l'expansion dynamique, le mouvement absolu et immuable, l'éternel instant naissant toujours nouveau, la création permanente.*
Dieu est la Vérité : la seule réalité, le "Je suis".
Dieu est l'Amour : le don total sans attente, l'oubli de soi pour l'acte pur de toute intention restrictive. Dieu est l'Intelligence : l'universelle harmonie, la lumière qui efface l'obscurité, l'ordonnancement qui repousse le chaos ; l'univers est intelligent et il n'y a nulle absurdité en lui, tout y est à sa place.
Dieu est tout-puissant : tout est en Lui et par Lui, donc rien n'échappe à Son pouvoir.

En fait, *le premier attribut* qui nous vient à l'esprit est bien *l'absence de limites, l'infinitude*. Ce Père, Dieu, ne peut être limité par quelque conception intellectuelle que ce soit. Il est tout en tout, comme nous l'exprimons souvent. Il n'est extérieur à rien qui se puisse imaginer. Où que nous portions notre regard, où que nous posions notre pensée, Dieu est. Voilà la première idée que nous nous faisons de Dieu, notre Père.

Tout ce que nous pouvons concevoir de Dieu, notre Père, découle de cette vision : l'absence de limites.

Tout d'abord, comprenons que ce qui est infini ne peut être qu'Un, car supposer qu'il puisse y avoir place pour deux introduirait une limite pour chacun des deux, là où est l'autre. Or l'infini ne peut être limité car il est par définition sans limite. Donc on peut dire sans erreur que l'infini est l'unité absolue. C'est ainsi que Dieu est appelé l'Unique : « moi et mon Père nous sommes un », comme nous le dit Jésus et comme nous sommes invités à le faire sans peur.

Bien plus, le passage à l'infini transcende tous les qualificatifs, car la finitude et l'infinitude sont incommensurables. Dans l'infini il ne peut y avoir que complétude, épanouissement sans fin, élévation constante, expansion dynamique… Le manque, le mal et la limitation, que nous ressentons dans notre vie terrestre, n'y ont pas de place. Examinons ce que pourrait être pour chacun de nous cet « infini » :

- Dans le domaine de l'expression, l'infini est la Vie. *La vie est la plus haute expression de Dieu, son expansion dynamique. La vie est infinie variété qui manifeste la créativité sans limite de l'Esprit. Nous n'en concevons qu'une infime partie au cours de notre passage terrestre.*

- Dans le domaine de la réalité, l'infini est vérité. *L'absence de vérité est mensonge, ou ce qui reste caché. Il y a donc introduction d'une limite, d'une séparation, qui sert à cacher ce qui est tu. Dans l'infini sans limite il n'y a aucune place pour cacher quoi que ce soit. La Vérité est l'Unique Réalité de l'Esprit infini.*

- Dans le domaine de l'accomplissement, l'infini ne peut être que perfection. *L'imperfection est vécue comme une limitation, puisqu'il est possible d'imaginer quelque chose de mieux. Si ce "mieux" n'était pas compris dans l'infini, c'est qu'il y aurait quelque chose au-delà de l'infini. Or dans ce domaine-là aussi l'infini est sans limite. Donc l'Esprit infini est nécessairement Perfection, puisqu'il n'y a par nature rien entre perfection et imperfection, qui sont exclusives l'une de l'autre.*

- Dans le domaine du sentiment, l'infini est Amour. *L'amour est le don sans restriction ni arrière-pensée, c'est l'oubli de soi-même pour tout donner.[7] Le refus de donner, qui est une absence d'amour, introduit une limite qui ne peut être concevable dans l'Esprit infini. Donc l'Amour est infini et l'infini est Amour.*

- Dans le domaine du jugement, l'infini est le bien. *L'infini ignore le mal car le mal résulte d'un manque, d'une absence. Le mal est causé par une limite apparente. L'Esprit infini ne conçoit pas de limite, il ne peut pas concevoir le mal. Le mal n'apparaît donc que dans le fini où il est souffrance due au manque (rappelons-nous que le sens initial de souffrance est « attente »).*[8]

- Dans le domaine de l'acte, l'infini est tout puissant. *L'action est le mode d'expression de l'être dans la manifestation. L'infini peut par définition agir sans contrainte ni obstacle. La moindre impuissance serait une limite qui, par nature, est exclue de l'infini, qui est sans limite dans quelque domaine que ce soit. Ce qui est pour*

---

[7] *Dialogues avec l'Ange, Aubier éditeur.*
[8] *Le fini n'est qu'illusion, l'illusion de la séparation de l'Unité essentielle. Le mal n'est donc qu'illusion, illusion pénible, nécessaire pour nous amener à corriger notre illusion.*

nous miracle n'est en fait que manifestation de l'Esprit en action dans le monde matériel.

- Dans le domaine de l'intelligence, l'infini est l'omniscience et la connaissance universelle. *Rien ne peut échapper à la conscience sans limite, par nature. La nature même de l'Esprit sans limite est la conscience universelle et intelligence absolue, ce que certains ont approché lors d'expériences aux frontières de la mort.*

- Dans le domaine de la vision, l'infini est lumière. *La lumière de l'Esprit éclaire d'un jour nouveau toutes choses qui prennent un relief et une vitalité indicibles, et rien ne reste dans l'ombre de quelque manière que ce soit. Les ténèbres qui obscurcissent notre vue limitée sont dissipées. La Vérité de l'Être se fait jour et tout devient intelligible sans ombre.*

- Enfin, dans le domaine de l'être, l'infini est mouvement. *L'immuable mouvement ! Rien ne peut être arrêté dans l'infini sans limite, tout coule, évolue, avance, s'accroît et s'amplifie sans fin. C'est ce qui a fait dire aux initiés de la quête spirituelle : le but est le chemin. L'immobile recule…*

Il faut bien noter que dans chaque domaine que l'esprit humain peut caractériser il est possible de faire la même analyse, c'est-à-dire, de bien cerner que toute qualité poussée vers l'infinitude devient une qualité divine ; ou bien de montrer que dans tout jugement entre bien et mal, complet et incomplet, beau et laid… s'il est poussé à l'infini la partie négative s'estompe et disparaît, comme si tout jugement de valeur perdait son sens.

-o-

Le deuxième attribut de l'Esprit subjectif universel est *la paternité* : Il crée et il engendre. « Dieu nous crée à son image et selon sa ressemblance ».

Notre Père nous a donc créés, avec tout l'univers qui nous entoure, manifestations de cette Cause première, manifestations de Dieu, qui est Totalité parfaite, Immuabilité absolue génératrice de tout Mouvement. Il nous crée à son image, selon sa ressemblance, avec Ses propres attributs : pensée, libre arbitre, volonté, mouvement, croissance, plénitude, complétude, unité, liberté.

Et nous sommes tous frères, enfants du Dieu unique, Principe créateur universel ; membres du corps mystique unique de l'Humanité, la Filialité. Jésus dans son enseignement a exprimé que les hommes qui se sentent séparés ne le sont en fait pas. Tout ce que je fais pour moi je le fais pour tous.
Si je m'élève par la pensée vers le plus, vers le meilleur, j'élève toute l'humanité.

Il est de la nature de l'homme d'être sur terre, la manifestation. Nous sommes là au centre de l'interrogation multi-millénaire de l'homme sur son origine et sur son destin. Nous voyons ici que Dieu est la cause (pensée créatrice) et que l'homme est la manifestation de cette pensée. « La Terre » est le terme technique pour exprimer la manifestation. Notre Père qui es aux cieux, veut donc dire cela : l'homme est la manifestation perceptible de la Pensée Divine, Principe Créateur universel et inconditionné.

Cette « manifestation » est un « monde » dans lequel l'inertie – et donc le temps – a été introduite afin que les esprits incarnés puissent exercer leur libre arbitre et leur volonté (tous deux attributs divins et synonymes de créativité) *sans risque*, comme ce serait le cas dans le monde purement spirituel où les pensées créatrices s'expriment instantanément aux risques et périls de celui qui en est à l'origine s'il n'en a pas la maîtrise. L'inertie, qui est la principale caractéristique de la « terre », rend possible la prise de conscience progressive – dans le temps – des forces en jeu dans le principe de créativité. Le principe créateur n'est utilisable dans toute sa puissance que dans la pureté parfaite (pureté d'intention, intention totale d'élever soi-même et les autres), c'est-à-dire l'absence de négativité ou autant dire dans l'Amour. Nous devons bien comprendre que l'accession à la créativité, suprême expression de la Liberté d'être, tout comme l'accession au savoir, est soumise à la nécessaire élévation de conscience, sans quoi comme le dit le dicton "science sans conscience n'est que ruine de l'âme". Il n'y a pas d'artiste créateur réel sans conscience profonde de ce qui est et donc de la puissance de la Connaissance, de l'Amour et de la Joie.

L'accession à l'énergie nucléaire ne peut être acceptable que dans une conscience de la responsabilité qui y est attachée, sinon le pire est en marche.

Notre passage sur cette Terre nous amène à cette prise de conscience de la nécessité de la pureté et de l'Amour pour assumer l'infinitude et sa toute puissance. La souffrance est le moteur de correction de toutes nos erreurs pour nous conduire à la pureté et à l'Amour, à l'image de la douleur physique qui nous alerte. L'élévation de conscience passe alors par un renoncement à la volonté de notre personnalité et son cortège de raisonnements logiques. L'inspiration, par la méditation, est première et la personnalité se met à son service avec ses qualités propres. L'inverse est mortel. Dans ce verset tout est déjà inclus de ce qui est répété plus loin : "que ta Volonté soit faite sur la Terre comme au Ciel".

Dieu est Esprit, indestructible et qui ne passe pas : l'absolu. Il est la

Cause unique et primordiale. Nous sommes sa manifestation. Dieu s'exprime en tant que nous quoi que nous fassions.

Il n'agit pas en direct dans notre monde à la suite de la création, dont Il s'est retiré au septième jour, pour que nous soyons libres, à son image. Il agit en tant que nous, dès que nous l'acceptons :

- *la sainte obéissance*. L'obéissance est une règle religieuse bien connue. Cependant ici nous entendons le sens technique de ce mot : il s'agit de la grande loi spirituelle de l'acceptation de ce qui advient, sans rébellion, dans la conscience totale que les événements arrivent comme simple conséquence de notre propre vision et qu'un changement de regard conduit au changement des événements. Ceci se rapporte à la douceur dont parle si bien Emmet Fox dans les Béatitudes. Il agit en tant que nous dès que l'intention est pure,
- *la sainte chasteté*. Dans ce cas aussi le terme chasteté est un mot galvaudé et réduit au seul aspect sexuel. En fait il s'agit ici de la pureté d'intention. Nous sommes chastes, quoi que nous fassions, dès lors que nos intentions sont pures, c'est-à-dire exemptes de volonté abaissante pour soi et pour les autres. Nos intentions sont pures lorsque nous ne voyons que le beau, le parfait en l'autre comme en toute chose. Il agit en tant que nous dès que nous sommes prêts à renoncer à tout "bénéfice",
- *la sainte pauvreté*. Emmet Fox décrit très bien la pauvreté d'esprit : il s'agit de l'état d'esprit qui nous rend libres de toute attache que ce soit aux honneurs, à la richesse ou au pouvoir. La loi nous rappelle que nous ne devons pas rechercher tout cela car nous le verrons arriver par surcroît lorsque nous serons purs et obéissants tout entier tournés vers la vérité divine.

Nous avons là la règle des trois vœux, bien connue des chrétiens, mais traduite toujours de façon si restrictive qu'elle conduit à l'inverse de son but réel. Tout se passe à l'intérieur de l'être, dans son cœur. *"Garde ton cœur plus que tout, car en lui résident les sources mêmes de la vie".*

Nous sommes Dieu manifesté, tous et chacun. Ne pas aimer les autres pour quelque raison que ce soit, aussi objective soit-elle, c'est ne pas aimer Dieu et c'est aussi ne pas s'aimer soi-même. Là nous retrouvons l'opposition entre l'esprit subjectif universel et l'esprit objectif limité, puisque inscrit dans la séparation et l'absence d'unité. Nous devons clairement comprendre que l'esprit objectif part du principe que tous les êtres sont séparés dans la manifestation. Ceci n'est qu'une apparence, source de beaucoup de contresens et de souffrance.

Aimer Dieu n'est possible dans ce monde qu'en aimant tous les autres qui nous entourent en comprenant que nous sommes tous Un, même si de prime abord nous sommes repoussés par l'apparence. Il n'y a pas d'autre voie. Et cet amour de Dieu et des autres passe nécessairement par l'amour de soi. Il ne s'agit pas d'égoïsme comme on le perçoit couramment, mais de respect de soi, d'acceptation de soi avec qualités et défauts. Il s'agit de réintégrer en soi la partie rejetée de son être *car disqualifiée lors des relations humaines, en particulier lors de la petite enfance.* Il n'est possible d'aimer qu'en refusant de rejeter de nous ce qui nous fait peur ou nous déplaît en nous. Ainsi réintégrant cette part *disqualifiée* nous pourrons accepter les autres dans leur intégrité et revenir à la claire perception de notre Unité.

- **que ton Nom soit sanctifié,**

Le nom caractérise toute chose dans l'univers manifesté, il définit la nature même de chacun et de chaque chose. Il est la dédicace. Dans notre monde toute chose doit être nommée pour apparaître, la pensée « créatrice » doit s'exprimer par la parole pour se « manifester ». Le nom est la source de la manifestation : le Nom de Dieu doit être invoqué pour qu'Il se manifeste après s'être retiré «au septième jour ».

L'homme accompli reconnaît que le Nom de Dieu est le Sanctuaire, au plus intime de lui-même, que c'est la Perfection même, plus proche de lui que son propre souffle, et donc la Protection suprême, en son cœur, contre toute crainte aussi puissante qu'elle paraisse.

Le Nom de Dieu est rendu Saint, dans notre esprit, par cette reconnaissance.

Le Nom de Dieu est innommable : en fait le Nom est de nature infinie comme Dieu. Voilà pourquoi il est dit : *que ton nom soi sanctifié*, c'est-à-dire Ton Nom ne peut être que Saint. Tout autre nom n'a aucun sens divin. L'homme dit donc identifier en lui-même le Nom Saint.

Il est rendu Saint ainsi, par l'identification de Dieu que l'homme doit accomplir en lui-même, car le destin de l'homme est de s'unir à la divinité, de devenir Un en Dieu. Car, à son image et selon sa ressemblance, l'homme est germe divin, possédant tous les attributs en puissance d'être. Les reconnaître et les faire se développer c'est accomplir l'identification et par-là rendre saint son propre nom.

« LUI par nous, nous par LUI. »[9]

Dans la vie quotidienne, à chaque hésitation, dans tous les cas de doute, pensons à nous souvenir d'appeler la *"perfection en nous"* afin qu'elle impose silence au moi bavard et peureux.

Cette manifestation est la perfection protectrice, la protection parfaite : le sanctuaire où l'acte se réalise. Là, l'accord entre l'objectif et le subjectif se fait, entre le sentiment et l'intelligence,

---

[9] *Dialogues avec l'Ange. Édition Aubier.*

entre l'intuition et l'intellect.

- **que ton règne vienne**,

Faire tout cela consiste à laisser régner cet Esprit en puissance d'être, dans notre cœur, en le protégeant jusqu'à ce qu'il devienne suffisamment fort pour nous protéger nous-mêmes. C'est la tâche de l'homme manifesté de permettre ce règne, qui du cœur dominera tout l'univers. Alors, étant créatrices les pensées créeront la perfection dans l'univers matériel, dès que le règne de la perfection sera venu dans nos cœurs.

Nous devons laisser Dieu régner dans notre cœur et ainsi Il régnera sur le monde. « Garde ton cœur plus que tout car en lui résident les sources mêmes de la vie » nous disent les anciens sages.

La Loi qui conduit au règne de Dieu s'énonce toujours très simplement : *la sainte pauvreté*, l'abdication de la volonté personnelle à tout prix ; *la sainte chasteté*, la pureté des intentions et des désirs ; *la sainte obéissance*, l'acceptation de servir, la non-résistance à ce qu'il advient. Ceci s'accomplit dans l'absence de jugement et dans l'Amour.

Ainsi naît l'enfant merveilleux : l'idée spirituelle en nous, petit enfant fragile qu'il faut protéger et nourrir pour qu'il grandisse. Par la Prière !

« *On l'appelle merveilleux* : il fait des prodiges, des miracles !

Il a grandi :

On l'appelle conseiller : il est infaillible lorsqu'on le consulte sincèrement ;

On l'appelle Dieu puissant : c'est notre créateur qui apparaît en nous, l'omniscient, le tout-puissant, Il peut tout à travers nous lorsque nous l'acceptons ;

On l'appelle Père éternel : il est notre père qui nous aime et qui nous enfante ;

On l'appelle Prince de la Paix : il fait naître en nous la Paix parfaite, joie sublime.»

Cet enfant prend soin de nous lorsqu'il est épanoui, nous n'avons plus rien à craindre.

Tel nous parle Esaïe.[10]

- **que ta Volonté soit faite sur la Terre comme au Ciel.**

Nous l'avons vu, la volonté de la personnalité de l'homme conduit inéluctablement à une catastrophe si elle n'est pas éclairée par la Conscience. Il s'agit là d'avoir une claire vision de la Vérité de l'être ; d'être conscient de la réalité de la Vie. Voilà pourquoi Jésus, dans cette prière, nous demande de faire la volonté du Père qui vit en nous, du Père qui est Amour, Bonté, Plénitude, Paix et Joie et qui est aussi, bien sûr, Toute Puissance. La conscience doit être première.

Pour accomplir cela, l'homme manifesté, qui dispose de sa propre faculté volitive, à l'image de son Père, doit mettre en œuvre cette faculté dans le sens même de celle du Créateur, puisque Il est la perfection sans limite, ni contrainte. Toute autre volonté ne peut être que limitée ou contrainte et donc imparfaite. Toute autre volonté ne peut conduire qu'à une impasse car elle s'écartera inéluctablement de la nécessaire perfection qui doit régir les actes.

Nous devons donc veiller à chercher la Volonté réelle du Père pour l'accomplir à chaque instant.

---

[10] *Esaïe ch9v5*

Quelle peut être la volonté de notre Père ? Un bon père ne veut que le meilleur, le plus beau, le plus merveilleux, le plus opulent, le plus réjouissant, le plus épanouissant pour ses enfants. Voilà la Volonté du Père, en toute chose, au-delà de toute expression, dans une croissance infinie de la félicité. Il doit être bien bon de s'y conformer, malgré les apparences contraires et ce que nous souffle notre mental apeuré. Les mystiques l'ont toujours affirmé. L'observation de cette volonté divine conduit à la réalisation de nos désirs au-delà même de nos attentes les plus folles, car cela a été ainsi fait dans le respect du plan divin.

Examinons maintenant sous un angle plus philosophique.
La volonté est un attribut reconnu par l'homme pour lui-même. La liberté est sa revendication suprême. Quel rapport existe-il entre elles ?

Première question : est-il possible de vouloir en absence de liberté ? Il semble possible de désirer mais il semble impossible de vouloir, c'est-à-dire d'exprimer ce désir pour sa réalisation, sans liberté pour ce faire. Vouloir met en œuvre l'action qui conduit à la manifestation de ce qui est voulu. Sans liberté de le faire il ne peut plus y avoir la volonté mais seul reste le désir qui représente un stade antérieur à la volonté.
Deuxième question : est-il possible d'être libre sans volonté ?
Nous venons de dire que la volonté tend à faire manifester le désir qui resterait sans elle au stade de potentialité. On peut donc considérer que sans volonté pour faire apparaître la manifestation de nos désirs nous n'aurions pas la liberté de le faire. Notre liberté serait entravée.
La faculté volitive comme l'appelle Fabre d'Olivet permet de passer de la potentialité à la manifestation. Sans elle la liberté ne peut pas se manifester.

La vie est cette manifestation de la potentialité (désir). On peut donc avancer que la vie ne peut être que libre et volontaire, à l'image de l'Esprit Créateur.

Volonté et liberté sont donc indissociablement sœurs.

Dans notre personnalité nous recherchons l'expression de cette liberté et de cette volonté. Cependant, elles ne peuvent se réaliser sans danger que dans la conformité à la Liberté de l'Être et à la Volonté pure de l'Esprit. Ma liberté commence où commence la tienne, mon frère.

Pour cela laissons Sa volonté agir en nous, à travers nous, par nous. Abdiquons notre volonté personnelle, volontairement comme un acte d'amour, pour accepter Sa volonté, c'est-à-dire mettons notre volonté en œuvre pour obéir : être vivant, vivre en vérité, donner l'amour, dans la plus grande intelligence, tendre vers ce qui élève et renoncer à ce qui abaisse.

La sainte obéissance, la sainte pauvreté, la sainte chasteté.

- **Donne-nous aujourd'hui notre pain quotidien.**

Le Père donne à ses enfants tout ce dont ils ont besoin, comme tous les pères dignes de ce nom. Dieu, qui est plus que tout ce que nous pouvons imaginer, est source infinie de dons. Il est source de toutes choses, Pensée Créatrice essentielle. Il n'y a pas d'autre source que Lui : notre vie, notre esprit, notre corps, nos moyens, notre nourriture matérielle et spirituelle, tout vient de Lui, par Lui et en Lui. Pour vivre nous devons chaque jour, à tous les points de vue demander notre nourriture, sachant que comme pour la nourriture du corps ce que nous avons mangé hier ne peut pas nourrir ce corps aujourd'hui. Et nous devons le faire nous-mêmes car personne ne peut déléguer à un autre cette démarche, comme nous devons nous nourrir nous-mêmes chaque jour.

Dieu est la source unique de toute chose car rien n'est extérieur à Lui. Dieu s'est retiré du monde pour que nous puissions être totalement libres de nos décisions : nous devons donc demander librement à Dieu sa manifestation, qu'il nous accorde toujours dans son amour parfait. Apprenons à savoir que lorsque

nous agissons par nous-mêmes pour nous-mêmes nous sommes stériles et épuisés.
Connaissons notre désir réel et profond, agissons en ce sens sans précipitation ni
inquiétude – la sainte pauvreté – et laissons agir Dieu dans une demande
confiante, alors la manifestation est réalisée : la sainte chasteté, l'intention pure.
Dieu n'agira pas sans notre volonté de le laisser agir selon notre désir réel.
Cette demande est faite chaque jour, dans la prière et l'acceptation de ce qui va
venir, à chaque instant, jusqu'à la communion complète, la sainte obéissance.

- **Pardonne-nous nos offenses, comme nous pardonnons à ceux qui nous ont offensés.**

Nous commettons de multiples erreurs dans la vie, en appliquant notre volonté plutôt que celle de l'Esprit qui nous habite mais que nous n'écoutons pas volontiers. Qu'arrive-t-il alors lorsque nous nous trompons ?

La loi de rétribution veut que nous soyons «récompensés» à hauteur de ce que nous avons voulu faire. Cette loi est parfaite car elle a pour seul but notre apprentissage de la Volonté Parfaite, de la voie qui nous conduit infailliblement au bonheur, à la parfaite expression de soi. Elle ne comporte aucun jugement de ce qui a été fait. Elle nous «sanctionne» exactement là où nous nous sommes trompés, au niveau même de l'erreur, rien de plus, comme la brûlure prévient que la main est en danger. Il n'y a pas de jugement dans la brûlure.

Donc la Loi joue lorsque nous nous trompons.

Cependant, dès que nous prenons conscience de notre erreur, le pardon – immédiat – est là qui ôte toute conséquence à nos fautes, car l'effet est lui aussi là, nous avons compris la leçon, et il n'est nul besoin d'aller plus loin dans la sanction.

Quelle est la leçon ? C'est que rien ne mérite réellement que nous soyons offensés. Cette «offense» ne résulte que de notre incompréhension de l'origine de l'attitude des autres, nos frères en Dieu, et qu'en Vérité rien ne peut nous nuire ou nous atteindre. Cette offense n'est rien d'autre que la manifestation de nos propres erreurs de comportement reflétées par nos proches, de notre propre vision déformée de la réalité. Corrigeons notre regard et le monde nous apparaîtra changé. Et il sera réellement changé pour nous et pour les autres.

Le pardon de nos erreurs ne trouve donc un canal qu'à travers le pardon que nous accordons aux offenses que nous croyons subir ; nous pratiquons alors la *sainte chasteté* des intentions pures. Pardonnons à tout et à tous, comme à nous-mêmes. Rompons la chaîne du "malheur", cette terrible chaîne qui fait que nous répercutons sur les autres nos propres souffrances dans la certitude où nous sommes de notre bon droit. Rompons cette chaîne néfaste qui retarde l'ouverture de l'humanité à l'amour inconditionnel. Lorsque nous nous sentons offensés demandons même pardon à celui qui nous offense ; là nous trouverons notre rédemption et la paix du cœur.

Le pardon de l'Esprit qui nous habite est à ce prix ; il nous libérera de nos entraves. Ne faites pas que penser à cela intellectuellement mais cherchez avec assiduité à le mettre en œuvre dans toutes les petites vicissitudes de la vie courante. Vous pourrez ainsi expérimenter la loi du pardon et vous serez inéluctablement émerveillés du résultat. En persévérant un peu, et un peu seulement, cela deviendra une habitude dont vous ne saurez plus vous passer. C'est l'illustration de l'affirmation qui nous dit : faites un pas vers Dieu, il fera tous les autres.

Par nature, Dieu – l'Esprit subjectif universel et inconditionné – pardonne toujours, car Il ne connaît pas le mal qui n'existe que dans notre finitude et qui est la simple manifestation de la négativité engendrée par nos propres erreurs. Il suffit que nous demandions ce pardon pour l'obtenir. Notre libre arbitre et notre volonté, toujours respectés, doivent entrer en action pour demander ce pardon sinon il reste en pure potentialité. Cependant, comprenons que cette demande n'est réelle que lorsque nous savons pardonner à <u>tout ce qui nous offense</u>, dans les autres et dans nous-mêmes, ce qui veut dire renoncer à ce qui nous offense en nous-mêmes, c'est-à-dire à nos négativités, à nos préjugés, ce qui veut dire aussi réintégrer la part disqualifiée de nous-mêmes ; c'est *la sainte pauvreté*.

Dieu agissant en tant que nous, si nous ne pardonnons pas, nous Lui interdisons de pardonner, y compris à nous-mêmes. Nous devons entrer dans l'acceptation de la loi parfaite, *la sainte obéissance*, et nous verrons s'accomplir merveilles sur merveilles.

• Ne nous induis pas en tentation,

Ce verset est très dérangeant. C'est pourquoi les traducteurs ont toujours cherché à le transformer pensant que Dieu ne peut pas nous induire en tentation. Mais nous devons comprendre que le Père en nous, la conscience de la divinité en nous peut nous conduire à mésuser des pouvoirs qui résultent de cette connaissance. Et l'histoire est là pour nous le rappeler si nous voulons bien la regarder sans idée préconçue. La tentation existe d'utiliser à son profit personnel les merveilles qui résultent de la mise en œuvre des lois divines. C'est ce que dit la Bible à propos de Lucifer, l'Ange qui s'est noyé dans sa beauté. C'est ce qui guette chacun de nous à tout instant dans la marche vers la Conscience suprême. La personnalité est toujours prête à reprendre le pouvoir.

C'est aussi ce que nous rappellent les anciens lorsqu'ils disent que *science sans conscience n'est que ruine de l'âme* : comprendre les lois de la spiritualité sans avoir élevé sa propre conscience peut conduire aux pires exactions. Voilà pourquoi nous soulignons la nécessité de la sainte pauvreté, de la sainte chasteté et de sainte obéissance. Sans ces trois vertus (en latin vertu veut dire force) l'apprentissage de la loi spirituelle est dangereux et les maîtres ont toujours été réticents à enseigner sans protection les disciples.

Oui, l'Esprit mal compris, par une connaissance mal équilibrée à cause d'une insuffisance d'émotion, peut conduire l'âme à une suffisance (expression de la personnalité ivre d'elle-même) qui la coupe de Dieu aussi sûrement qu'un couteau coupe un fil. L'humilité est toujours nécessaire, même et surtout dans les plus grandes réalisations, au sein des plus grandes consciences. La réussite n'est pas nôtre, pas celle de notre personnalité, mais celle de l'Esprit qui s'exprime à travers nous, du vrai Soi que nous devons être. Gardons à l'esprit que comme Jésus le dit : "ce n'est pas moi qui fais les œuvres mais le Père en moi qui les réalise".

De même nous pouvons être tentés de vouloir devancer les épreuves alors que notre niveau de conscience ne nous rend pas aptes à les surmonter. Cette erreur est fréquente chez les débutants dans l'étude spirituelle.

Nous devons éviter de telles attitudes, par l'abandon à notre vrai Moi divin.

La certitude de notre filiation, de la présence de Dieu en nous, peut nous conduire à la mégalomanie et à l'orgueil spirituel, c'est la différence entre la magie et la Magie sacrée. Il faut résister à la tentation par l'humilité, sachant que ce n'est pas nous qui faisons les œuvres mais notre père en nous qui agit. *La sainte pauvreté.*

Dans nos désirs nous devons veiller à ne conserver que ce qui est pur de tout esprit de domination, de pouvoir, de revanche. La pureté des intentions est nécessaire : *la sainte chasteté.*

En cela, nous sommes alors dans *la sainte obéissance* à la loi de l'être.

- **mais délivre-nous du mal**

L'attitude juste en toute chose ouvre en nous le canal de la parfaite expression divine et notre personnalité, fidèle serviteur, s'épanouit. Nous sommes libérés des pensées de restriction et de manque, la peur a disparu. Nous avons laissé l'Esprit prendre les rênes de notre vie pour notre plus grande joie.

La présence de Dieu en notre cœur éloigne de nous toutes les pensées négatives et la peur qui sont le seul mal. Nous sommes un avec Lui !

Amen

Le Notre Père, l'Oraison Dominicale est la prière enseignée par Jésus: "si deux se réunissent pour dire cette prière croyez qu'ils seront exhaussés".
Prier seul est nécessaire et porte de multiples fruits, mais prier ensemble développe une force irrésistible.
Cette prière est le cœur du Nouveau Testament, de la bonne nouvelle: l'Évangile de Jésus.

Si nous regardons plus loin dans l'Ancien Testament de la Bible, nous trouvons des prières qui sont aussi des leçons de croissance spirituelle. Tout particulièrement avec les Psaumes, nous découvrons des trésors de vérités. Avec eux l'apprentissage de l'âme sur son chemin de vie est assuré. Il n'y faut que de la persévérance et quelques initiations au style des rédacteurs de l'époque. Derrière l'histoire apparente un sens plus profond apparaît pour éclairer notre regard.

Parcourons maintenant quelques-uns de ces psaumes parmi les plus connus.

3 PSAUME 23 DE DAVID

Psaume 23 de David

L'Eternel est mon berger, je ne manquerai de rien.
Il me fait reposer dans de verts pâturages, Il me conduit vers les eaux paisibles.
Il restaure mon âme, il me conduit dans les sentiers de la justice à cause de Son Nom.
Quand je marche dans la vallée de l'ombre de la mort, je ne crains aucun mal,
Car Tu es avec moi : Ta houlette et Ton bâton me rassurent.
Tu dresses devant moi une table face à mes adversaires.
Tu oins d'huile ma tête, et ma coupe déborde.
Oui ! Le bonheur et la grâce m'accompagneront tous les jours de ma vie,
Et j'habiterai dans la maison de l'Eternel jusqu'à la fin de mes jours[11].

-o-

---

[11] *Traduction de Segond*

Voici le psaume le plus connu de tout le Livre des Psaumes. Il s'en dégage un sentiment de protection totale inégalable. Son action comme prière est déjà en cela évidente pour celui qui s'abandonne à cette protection lorsque les choses vont mal. Cependant il importe de dépasser le stade des sentiments et d'entrer dans la compréhension profonde du sens de cette prière par excellence. Pour cela il faut en pénétrer le sens technique qui est celui de toute la Bible. Et vous découvrirez avec étonnement qu'il s'agit, comme pour tous les textes religieux universels, d'un *vade mecum* pour une manière de vivre. Comme pour tout ce qui touche les lois de l'Esprit, l'expression revêt un caractère imagé, allégorique et parabolique car l'expression directe vide rapidement de son sens ce qui reste en fait une découverte intérieure par la réflexion, puis la méditation et enfin la contemplation. Donc tout y est imagé, ce qui aussi était nécessaire à une tradition orale. Entrons donc dans ce texte merveilleux (au sens premier de ce mot) qui est une prière, un mantra, un édit de Magie Sacrée : la créature fait appel à et se repose en son créateur unique, parfait et sans limite, l'Esprit qui vit en lui et par qui il est.

- **L'Eternel est mon berger,**

L'Esprit subjectif universel[12], l'Unique, la Cause première, le Grand Esprit, Dieu, quel que soit le Nom que nous lui donnons, est notre guide et notre protecteur. Contrairement aux apparences et aux idées courantes de notre société, nous ne sommes pas seuls : la conscience de notre appartenance à l'Esprit Universel nous habite. Et nous la découvrons pour peu que nous soyons à l'écoute de notre voix intérieure, de notre intuition.

Vous vous rappelez tous cette expression familière : « La voix de la conscience.» Cette « petite voix » ne passe pas son temps à nous faire des reproches, comme nous le pensons couramment, mais bien mieux elle nous susurre à chaque instant le choix que nous devons faire pour notre plus grand bien et notre plus grande paix intérieure, c'est-à-dire notre plus grand confort physique, moral et spirituel.

Ecouter cette voix intérieure est du plus grand intérêt. Elle est l'amie, « plus proche de moi que mon souffle », elle est la confidente la plus sûre qui donne toujours la bonne direction, répétons-le, au-delà des apparences. Isaïe[13] disait d'elle, en parlant de l'enfant merveilleux : « on l'appelle merveilleux, conseiller, Dieu puissant, Père éternel, Prince de la paix », l'idée spirituelle !

Comme le bon berger qui guide et protège ses brebis, l'Eternel qui est en nous nous guide et nous protège. Cela ne dépend pas de conditions, car l'Esprit unique est inconditionnel. Nous ne sommes pas jugés pour nos

---

[12] *Comme l'appelle Troward*
[13] *Isaïe ch9v5*

erreurs antérieures avant d'être aidés. Non ! Dès que nous voulons accéder à cette voix intérieure, avec sincérité et abandon, libres et pleins de bonne volonté et de bienveillance, alors l'aide survient *sans condition*.

L'accès le plus sûr à ce merveilleux Mentor est la Prière, affirmation de la Vérité, unique et vivante. Jésus le répétait pour que ses disciples le comprennent : « Je vous le dis : vous êtes tous des dieux », « soyez comme ces petits enfants, le Royaume des Cieux est à eux », « le Royaume des Cieux est en vous.»

- **Je ne manquerai de rien.**

Quelle promesse[14] ! Quel *rêve* ! Qui ne souhaite recevoir une telle promesse ? Et cette promesse doit être prise au pied de la lettre : *je ne manquerai de* **rien**. Etre sûr de vivre en voyant tous ses besoins, ses désirs légitimes comblés jusque dans les moindres circonstances de la vie, quel rêve apparemment inaccessible ! Et pourtant le psalmiste n'hésite pas à l'affirmer. Pour cela il nous dit de vivre dans la conscience de la présence de Dieu, l'Esprit Universel, de se souvenir sans cesse que l'Eternel est notre berger.

Vivre dans la conscience de la présence de l'Esprit Universel – dans son cœur – exige la volonté d'écouter sa

---

[14] *Comme le dit Emmet Fox, retenez qu'une promesse dans le langage biblique est l'expression même d'une vérité spirituelle, tout comme un théorème est l'expression d'une vérité mathématique.*

voix intérieure à tout instant, ce qui n'est finalement qu'affaire de discipline, mais en contrepartie donne accès à la réalisation de tous les désirs légitimes les plus chers. Alors, rien ne manquera. Rien de ce qui permettra l'épanouissement, l'accomplissement de la vie, l'aboutissement de l'expression la plus claire de son être.

Voilà en toute simplicité ce qui nous est promis de vivre dans l'intimité intérieure de la Vérité : sentir la présence dans notre cœur de la toute puissance de l'Esprit et voir se manifester dans notre vie son action bénéfique.

Il nous semble parfois très difficile de suivre la voix intérieure. Elle nous demande de renoncer aux décisions de notre volonté, aux choix qui paraissent logiques dans notre société asservie aux apparences : apparences de pertes, de maladies, de concurrence et de compétition. Nous pensons qu'il faut suer notre sang pour nourrir notre famille, pour préserver notre bien, pour nous faire une place au soleil. Eh bien, non ! Ce n'est pas nécessaire, pour peu que nous acceptions de suivre cette intuition, la voix de notre esprit créateur qui nous anime.

Bien sûr, pour corriger les habitudes qui nous ont été imprimées à grand renfort d'enseignement culpabilisant, il faut faire un effort, parfois énorme. Mais gardez-vous bien de penser qu'il faut un effort tendu vers la réalisation des désirs de votre cœur. Non, il faut un effort de discipline pour garder la vision de vos désirs, et ne créer aucune tension autour de ces désirs, restant confiant dans leur réalisation infaillible, la confiance ayant empli votre âme. Confiance dans le « bon berger » qui est la conscience de la présence de l'Esprit en vous.

- **Il me fait reposer dans de verts pâturages,**

Le psalmiste utilise une image très expressive pour ces gens du désert à qui il s'adressait. Après un long périple dans les brûlants sables des terres arides de leur pays, écrasés de soleil, les caravaniers à l'ombre de l'oasis rêvaient de verts pâturages, sans nul doute, où ils pourraient respirer un air vivifiant. L'image est ainsi très forte et saisissante, imprimant une impression indélébile dans les cœurs de ces rudes âmes. Cette promesse est donc celle de la réalisation d'un désir très profond, celle de notre désir le plus secret. Car souvenons-nous que le désir le plus profond est l'appel silencieux de notre être véritable, souvent écrasé par les conventions et les injonctions familiales et sociales.

Cette promesse est celle de la paix de l'esprit, du cœur et du corps. Nous pourrons nous reposer – voir cesser nos luttes intestines, car c'est de nos combats intérieurs qu'il s'agit – et nous jouirons de la plénitude de l'accomplissement de notre être. Nous nous sentirons à notre vraie place, là où nous pouvons exprimer la totalité de nos talents, pour notre propre bien, le bien de nos proches et le bien de l'humanité, si petit soit notre rôle. Nous aurons lâché prise et accepté d'être ce que nous sommes vraiment, de faire ce pour quoi nous sommes faits vraiment. Nous serons alors agissants, mais en repos, à l'image de Dieu, le « Je suis », « l'immuable mouvement » comme l'exprimaient les esprits juifs éclairés des premiers temps.

- **Il me conduit vers les eaux paisibles.**

Les eaux, dans la bible, représentent le plus souvent les sentiments, les émotions qui nous animent. Les eaux tumultueuses illustrent avec justesse les maelströms de sentiments qui tourbillonnent dans notre cœur : la jalousie, l'envie, le ressentiment, la colère et la peur. Comme ces eaux tumultueuses, ces tempêtes intérieures, les sentiments négatifs nous détruisent, nous laissant pantelants et harassés. Comme ces eaux tumultueuses, ils atteignent notre entourage et l'envahissent à son tour s'il n'est pas armé pour résister.

Le psalmiste nous promet que le « bon berger » nous conduit vers les eaux paisibles : les sentiments de paix, de plénitude, d'accomplissement. Revoyez en vous les souvenirs de contemplation d'eaux paisibles d'un lac un soir : quel sentiment de paix vous avez éprouvé à ce moment ! Il y a une grande affinité entre les eaux et nos états du cœur. Avec le « bon berger », le cœur se vide des ressentiments et des peurs, laissant la place pour que pénètrent l'amour, la paix et la vision juste – la justice du Seigneur, selon la terminologie biblique. Et alors nous voyons tout avec les yeux de la tolérance, de la justice, de la bienveillance et de l'amour. Nous sommes prêts à nous ouvrir aux autres, sans peur, avec *sympathie*. Alors, plus de querelle, plus d'affrontement, plus de guerre !

- **Il restaure mon âme, il me conduit dans les sentiers de la justice à cause de Son Nom.**

L'image de cette affirmation est toujours aussi forte. Il nous est promis que notre âme sera nourrie, comme notre corps l'est chaque jour. Il nous est dit aussi que notre âme sera réhabilitée, tout comme un monument précieux est restauré. La conscience de la présence de Dieu, l'Esprit Universel *en nous* est une cure ! Cela répare les dommages causés par notre ignorance et par notre croyance erronée en des causes extérieures, qui nous laissent affamés et dégradés. Cette croyance qui nous a été transmise par nos parents et notre milieu social nous a maintenus dans l'idée que le mal existe et qu'il convient de le combattre avec nos moyens intellectuels et physiques. La prise de conscience de la présence en nous de la force toute puissante de l'Esprit gomme cette croyance et en répare les conséquences ; nous sommes restaurés – réparés – et nous sommes nourris à la mamelle de la Vérité de l'être.

Nous sommes ainsi conduits à percevoir la pensée juste – dans les sentiers de la justice – la seule pensée qui soit porteuse de vie : l'absence de croyance au mal, la foi absolue dans le bien qui est la nature même de l'être. La vision juste nous dit que le mal n'est que le résultat de nos pensées limitées qui nous font imaginer le manque, la pénurie, le risque, la compétition, la concurrence. La vision juste chasse la peur de l'autre, la peur du lendemain. Alors avec cette vision juste, nous sommes restaurés et dirigés en sûreté.

Mais comment atteindre cette juste vision ? Le psalmiste nous donne une indication qui nous a déjà été donnée dans la Genèse. *Nous sommes conduits à cause de son Nom.* Le nom c'est la dédicace, c'est la conception de ce qui est nommé dans ses attributs. Dieu qui est sans limite est innommable par l'homme qui est limité dans sa conception. Mais de nombreux noms peuvent lui être donnés soulignant chacun un aspect particulier de la divinité, comme le décrit si bien Emmet Fox qui nous parle des sept aspects principaux de Dieu : Vie, Vérité, Amour, Intelligence, Ame, Esprit et Principe[15]. La claire vision de chacun de ces noms à travers l'affirmation, la prière et la méditation nous conduit à la vision juste de la réalité. Et la Vérité nous est révélée dans notre cœur même, dans notre entendement.

« La prière clef maîtresse de la Vie » disait James Deeley Freeman[16].

- **Quand je marche dans la vallée de l'ombre de la mort, je ne crains aucun mal,**

Cela est bien beau, direz-vous, mais lorsque je ne sais pas, lorsque je doute, lorsque j'ai peur le mal m'assaille. Je me sens seul et isolé ; l'Esprit ne peut pas me guider car je ne lui ouvre pas la porte de ma conscience. Mais qui n'a pas prié spontanément lorsque la situation paraît si désespérée que plus aucun autre secours ne semble possible ? Qui n'a

---

[15] E. Fox **Changez votre vie** ASTRA p105
[16] J. D. Freeman dans son livre intitulé **La prière Clef maîtresse de la vie.** Astra.

pas entendu un proche avouer avoir prié dans une situation critique, même celui qui se déclarait incroyant ? Eh bien ! Nous sommes au cœur même de l'enseignement de Jésus : avec une foi grosse comme une graine de sénevé nous sommes déjà en contact avec l'Esprit qui nous habite. Et cette graine grandira au rythme des épreuves traversées et surmontées avec la présence intérieure.

C'est pourquoi le psalmiste chante que lorsqu'il marche dans ses ténèbres intérieures il ne craint aucun mal. Même dans la tourmente de son âme en proie au doute et à la peur il sait par sa foi, aussi faible soit-elle encore, qu'il est protégé, qu'il ne peut rien lui arriver.

Son chant est très précis et ses images puissantes. Le psalmiste ne parle pas de la mort, car il sait que la mort n'existe pas. Il nous parle de la vallée : dans la symbolique biblique la vallée est le bas fond où nous nous trouvons lorsque nous nourrissons des pensées négatives sur nous-mêmes et sur le monde, à l'opposé de la montagne. Cette vallée est décrite par l'expression saisissante « l'ombre de la mort », nous faisant comprendre que la mort n'est qu'une ombre passagère projetée *par* notre entendement limité et craintif. Il est intéressant de souligner que cette marche dans la vallée de l'ombre de la mort est le lot du plus grand nombre, et que même les plus grands mystiques l'ont connue et décrite, et elle est si souvent décrite dans les contes et légendes. Cette traversée nous apprend à voir le vrai visage de la crainte : horrible spectre qui vient de nos fausses croyances.

Dans cette vallée nous ne sommes pas seuls : l'Esprit – qui est en nous de tout temps - est toujours avec nous et il intervient dès que nous l'invoquons, dès que nous savons écouter et entendre sa voix. Son action est merveilleusement illustrée par la suite du verset. La houlette du berger nous protège comme le sont les brebis. Le bâton fait fuir nos ennemis, ces terrifiants ennemis intérieurs que sont nos pensées négatives. Comme le dit Elisabeth Kübler Ross[17], qui a accompagné tant d'âmes dans l'étape ultime de la vie terrestre : « Je crois que cette vie terrestre nous est donnée pour nous permettre de nous débarrasser de toute négativité», pour achever l'« unfinished business » comme elle le nomme. Si vous méditez ces paroles vous verrez combien notre propre vie est une somme innombrable de négativités : refus de l'autre, critiques, ressentiments, jalousies, peurs, complexes, parfois très enfouis au plus profond de notre subconscient sous les sédiments des bienséances sociales, véhiculées par nos multiples « projections » comme les nomment nos psychanalystes.

- **Car Tu es avec moi : Ta houlette et Ton bâton me rassurent.**

La conscience de la présence de l'Esprit subjectif universel en soi est un guide aussi sûr que le berger pour les brebis. La houlette du berger sert de repère, elle est le symbole protecteur qui rappelle que toujours le berger ira chercher

---

[17] *E. Kübler Ross* **La mort est un nouveau soleil ; La mort et l'enfant**

la brebis égarée, qu'il ne l'abandonnera pas, même si nous ne le voyons pas. Jésus l'a bien illustré dans la parabole du bon berger : il laissera tout pour rechercher la brebis perdue.

Le bâton nous indique que le bon berger fait fuir les loups qui rôdent autour du troupeau. Nous ne craignons rien car le berger en nous chasse les ennemis intérieurs : nos négativités, nos peurs, nos critiques inutiles, nos rancunes et peut-être nos haines. Le bâton est le symbole du mal repoussé dans son néant.

- **Tu dresses devant moi une table face à mes adversaires.**

L'Esprit Universel *inconditionné* qui vit en nous nous protège de nos adversaires ! Voilà la promesse suprême !

Mais de quels adversaires ? Et comment est réalisée cette protection ? Et quelle action devons-nous concevoir pour obtenir cette protection ? Voilà la grande question. Le psalmiste nous répond très clairement en termes techniques habituels aux textes bibliques. Dieu, l'Esprit Unique qui est à l'origine de toute vie, notre Père dresse entre nous et ces adversaires intérieurs une table ! Certains pensent qu'il convient d'inviter nos ennemis à une table pour partager un repas. Cela peut sembler étrange : peut-on pactiser avec ses ennemis intérieurs ? Il convient de clarifier ce point si mal traduit.

Qu'est-ce donc qu'une table ? Rappelez-vous les tables de la Loi. Une table est un principe énoncé, énuméré, la dénomination de ce qui doit être (vous souvenez-vous des tables d'opération de votre enfance ?).

Les dix commandements nous disent ce qu'il est impossible de *faire* : tu ne tueras pas, tu ne jureras point, tu ne convoiteras pas le bien d'autrui... Eh bien ! Il s'agit de la même Loi : il est impossible à nos adversaires intérieurs de faire quoi que ce soit, ils ne peuvent s'exprimer qu'à travers nous qui leur donnons consistance. Nos adversaires, comme il a été dit déjà, ce sont nos pensées négatives, nos pensées de peur, de manque, de jalousie, de ressentiment et de haine. C'est notre manque d'amour, pour la vie, pour les autres avec qui nous sommes dans ce monde, c'est notre manque de foi dans la seule présence, celle du bien universel, unique réalité au-delà des apparences. « En vérité je vous le dis, si vous aviez une foi grosse comme un pois, vous diriez à cette montagne de se jeter dans la mer et elle s'y jetterait ». Nos adversaires sont bien en chacun de nous et sans l'intervention toute puissante de l'Esprit qui vit en nous ils peuvent nous détruire par l'intermédiaire de nos propres agissements. Mais l'Esprit dresse sa Loi entre eux et nous dès que nous nous adressons à lui. Et ces adversaires ne peuvent plus nous nuire : « sa fidélité est un bouclier et une cuirasse[18] », car ils ont cessé de trouver en nous leur force.

---

[18] *Psaume 91 de David*

43

Le psalmiste nous redit que l'Eternel (la conscience de la présence de Dieu dans nos cœurs) est notre bouclier contre nos incertitudes. Derrière ce bouclier nous sommes à l'abri comme les brebis dans la bergerie, en paix et rassurés.

- **Tu oins d'huile ma tête, et ma coupe déborde.**

L'onction est la consécration, c'est-à-dire l'entrée dans l'unité avec l'Esprit, dans la certitude, la plénitude. Nous sommes comblés et nous pouvons alors entrer dans la joie – boire à la coupe débordante de la vie. Nous sommes en présence de Dieu, l'Esprit, notre Père protecteur. Nous sommes en présence de la perfection en nous. En nous y abandonnant nous l'exprimons sans peine et nous en sommes illuminés. Nous rayonnons la joie divine et notre cœur exulte. « Mon âme exalte le Seigneur, exulte de joie en Dieu mon Sauveur » dit l'âme pure. Et tous le voient comme une lampe est vue dans les ténèbres.

- **Oui le bonheur et la grâce m'accompagneront tous les jours de ma vie,**

Le psalmiste exprime maintenant sa joie dans un chant d'allégresse très simple mais très expressif ! Il affirme la certitude de ceux qui ont expérimenté l'accomplissement de la promesse : s'en remettre à l'Esprit qui vit en nous et nous *conseille*, c'est « reposer à l'ombre du Tout Puissant »[19]. C'est entrer dans la paix et le bonheur. Cette paix et ce bonheur tout intérieurs.

Voilà le résultat de la prière qui nous met en contact avec notre petite voix intérieure, notre conscience profonde d'être.

- **Et j'habiterai dans la maison de l'Eternel jusqu'à la fin de mes jours**.

Et là, la « boucle est bouclée » ! S'en remettre à la présence intérieure qui nous guide et nous protège, c'est reposer dans le bonheur, oui, mais aussi c'est entrer en contact avec la « nourriture » qui nous fortifie et nous consolide dans cette présence. Nous ne pouvons plus nous défaire de cette présence car son amour est trop puissant, il est trop bon pour que nous puissions même désirer nous en distraire. Ainsi nous habitons la maison de l'Esprit éternel que nous sommes tous destinés à être pleinement. L'unité de l'être est retrouvée !

---

[19] *Psaume 91 de David*

4 PSAUME 27 DE DAVID

Psaume 27 de David

L'Eternel est ma lumière et mon salut, de qui
aurais-je crainte?
L'Eternel est le soutien de ma vie, de qui aurais-je
peur?
Quand des méchants s'avancent contre moi pour
dévorer ma chair,
Ce sont mes persécuteurs et mes ennemis qui
chancellent et tombent.
Si une armée campait contre moi, mon cœur
n'aurait aucune crainte.
Si une guerre s'élevait contre moi, je serais malgré
cela plein de confiance.
Je demande à l'Eternel une chose que je désire
ardemment,
Je voudrais habiter dans la maison de l'Eternel,
jusqu'à la fin de mes jours,
Pour contempler la magnificence de l'Eternel et
pour admirer son temple ;
Car Il me protégera dans son tabernacle au jour
du malheur,
Il me cachera sous l'abri de sa tente, Il m'élèvera
sur un rocher.

Et déjà ma tête s'élève sur mes ennemis qui
m'entourent ;
J'offrirai des sacrifices dans sa tente au son de la
trompette,
Je chanterai, je célébrerai l'Eternel !
Eternel écoute ma voix je t'invoque, aie pitié de
moi, et exauce-moi ;
Mon cœur dit de ta part : cherchez Ma face. Je
cherche Ta face, ô ! Eternel,
Ne me cache pas Ta face ; ne repousse pas ton
serviteur avec colère,
Tu es mon secours ne me laisse pas, ne
m'abandonne pas Dieu de mon salut !
Car mon père et ma mère m'abandonnent.
Mais l'Eternel me recueillera.
Eternel enseigne-moi ta voie et conduis-moi sur
le sentier de la droiture,
A cause de mes ennemis ;
Ne me livre pas au bon plaisir de mes adversaires
Car il s'élève contre moi de faux témoins
Et des gens qui ne respirent que la violence.
Oh ! Si je n'étais pas sûr de voir la bonté de
l'Eternel sur la terre des vivants.
Espère en l'Eternel,
Fortifie-toi et que ton cœur s'affermisse,
Espère en l'Eternel !

- **L'Eternel est ma lumière et mon salut, de qui aurais-je crainte ?**

L'Eternel dans le langage biblique c'est la conscience de la présence de Dieu en soi, de l'Esprit infini qui nous anime. Cet esprit infini, sans limite, est l'essence même de l'être, de toute chose dans l'Univers. Il en est dit : « Je suis ce que Je suis ». Et cela suffit si vous y réfléchissez bien pour comprendre que « Dieu », dont nous parlons si souvent, y compris pour en contester l'existence, c'est la Pensée d'amour qui se donne sans restriction dans sa création permanente. « Je suis ce que Je suis ». Rien d'autre ne peut être dit pour qualifier l'Absolu, le Sans Limite. Je suis « quelque chose » introduit automatiquement la limite de cette « chose ». Le simple fait de qualifier réduit l'objet de cette qualification dans des limites définies. « Je suis ce que Je suis » qui paraît être une litote, dit en fait l'unique Vérité de l'Absolu qui est un en Lui-même et en qui tout est placé.

Voilà ce que nous devons comprendre dans le mot Eternel.

Le psalmiste nous dit de Lui qu'il est sa lumière et son salut : la conscience de la présence de Dieu éclaire notre vie et il nous sauve, voilà le thème magnifique de ce poème. Qu'éclaire-t-il dans notre vie ? Il éclaire notre cœur sur la Vérité de l'Être, notre unique réalité, sur le sens réel de l'existence et qui nous sommes en fait. De quoi nous sauve-t-il ? Des erreurs que nous commettons dans notre vision limitée des événements, à cause des peurs de toutes natures qui nous égarent. Notons que les peurs n'existent qu'en ce qui concerne ce qui est au-delà de la limite, encore caché à nos yeux. Dès que notre vision écarte toute limite les peurs disparaissent instantanément.

Pour le psalmiste, là est le secret de la vie harmonieuse, équilibrée, claire et aimante : se reposer en l'Eternel, acquérir la certitude que l'Esprit infini, sans limite et tout puissant, réduit à néant les problèmes. Et cet Esprit infini – conscience de la divinité essentielle – n'est pas à chercher ailleurs qu'en nous-mêmes ! La Paix, la Vie, l'Amour, la Vérité, la Bienveillance, l'Intelligence - tous synonymes de Dieu - sont en nous, et pour peu que nous fassions taire notre mental pour écouter notre voix intérieure cette présence s'affirme toujours clairement. Nous le savons spontanément tous que cette voix intérieure est notre salut : qui n'a pas tourné son esprit vers cette voix dans les difficultés les plus graves ? Cette présence illumine l'esprit et sauve *littéralement* l'âme de tout mal, de tout doute : aucune pensée négative ne peut plus l'assaillir, la peur est chassée et la vie est plus simple. Et la manifestation de la perfection peut advenir, réellement.

- **L'Eternel est le soutien de ma vie, de qui aurais-je peur ?**

Comme dans tous les récits orientaux, le psalmiste répète la même affirmation sous une autre forme. Rappelez-vous que cette répétition est naturelle dans une tradition orale aussi forte que celle des Hébreux : cette répétition rend l'enseignement indélébile dans les cœurs qui le reçoivent. Le psalmiste, donc, répète la même affirmation en précisant que le Christ – la conscience de Dieu – en soi est le soutien de toute la vie et que toute peur disparaît.

Il dit aussi plus : par soutien de la vie il faut entendre source de la

Vie. La vraie vie est une vie sans peur, sans ressentiment. La vraie vie est épanouissement dans l'expression des désirs de son cœur, dans sa créativité naturelle. Ce sont nos peurs qui nous interdisent l'accès à la vraie vie. Intuitivement nous le savons bien. La conscience de la présence de Dieu en nous nous préserve de toute fausse vision et nous ouvre la voie vers un « comportement de vraie vie ». Nous pouvons alors devenir ce que nous sommes naturellement : l'expression même de la créativité libre et éternelle.

- **Quand des méchants s'avancent contre moi pour dévorer ma chair, ce sont mes persécuteurs et mes ennemis qui chancellent et tombent.**

Et le psalmiste insiste cette fois en prenant de front ce qui nous gêne le plus : les difficultés que nous rencontrons pour faire taire nos peurs et nos doutes.

Des méchants ! De qui s'agit-il donc ? Sûrement pas d'hommes ou de femmes qui nous voudraient du mal ! Non ! Il s'agit des pensées négatives que nous nourrissons, qui nous ont été inculquées avec force depuis notre tendre enfance : pensées de manques, de jalousie, de ressentiment, de haine, de peur et de colère, car la colère suit de près la peur. Eh bien !

Ce verset nous dit que les pensées contraires à la joie, à l'amour, à la paix lorsqu'elles apparaissent, dévorent *littéralement* nos entrailles, nous coupent les jambes. Et nous savons bien que cela est vrai ! Nous savons tous les répercussions que les sentiments ont sur notre corps et notre comportement physique. La peur coupe les jambes, fait transpirer. La colère fait accélérer les battements du cœur. La haine jaunit le teint. Le ressentiment dessèche les articulations. Notre mauvaise santé a toujours pour cause un état d'âme négatif, envers nous-mêmes ou envers les autres.

Voilà les méchants dont il est question ici ! Tous fils de la peur, car il n'existe que deux sentiments fondamentaux : la peur (négative) et l'amour (positif.)

Le psalmiste affirme donc, dans une merveilleuse concision, que ce sont ces pensées contraires qui seront anéanties par la conscience de la présence de Dieu en nous, par le renoncement au « mental à tout prix !». La conscience de notre unité fondamentale, la conscience de notre perfection essentielle, la conscience de notre toute-puissance, la conscience de notre amour. Dieu est Unité, Perfection, Toute-Puissance et Amour et nous sommes Ses enfants, à son image et selon sa ressemblance, donc de même nature.

- **Si une armée campait contre moi, mon cœur n'aurait aucune crainte.**

Même dans les pires moments, où l'armée de nos peurs, de nos pensées négatives, de critique envers nous-mêmes et envers les autres nous assaillent, même dans les moments où l'imagination nous fait voir les plus mauvaises situations, même dans ces moments-là la conscience de la présence de Dieu en nous nous délivre. Nous sommes apaisés et notre cœur retrouve confiance. Voilà ce que nous affirme le psalmiste : ce ne sont pas des vœux pieux mais une simple et solide affirmation. L'affirmation de la vérité, par un maître qui l'a pratiquée et qui nous dit que cela est possible pour nous aussi si nous acceptons de mettre en œuvre la loi de l'Esprit. Prendre conscience que l'esprit en nous est fils de l'Esprit universel, Unique et Tout-Puissant, Parfait et seul Bien.

Par cette conscience qui s'éveille en nous nous sommes alors illuminés par la vérité que le mal n'est qu'une illusion ! Que le mal ne prend corps que par notre croyance en sa capacité à nous atteindre. « Il vous sera fait selon votre foi ».

- **Si une guerre s'élevait contre moi, je serais malgré cela plein de confiance.**

Même au paroxysme de l'attaque, au moment où tout semble aller de plus en plus mal, grâce à cette conscience du Christ en soi, la confiance est maintenue.

> « Je voudrais vous rappeler une histoire dans laquelle la louange (la plus haute expression de la conscience de Dieu en notre cœur[20]) a permis de surmonter et de vaincre une armée considérable, bien plus forte que l'armée ennemie. Cette histoire est contée en grands détails dans le chapitre 20 du 2ème livre des Chroniques. Il s'agit de Josaphat, roi de Juda. Il avait peur, n'ayant qu'une petite armée à opposer aux forces puissantes de ses ennemis. Il assembla donc tout son peuple pour l'avertir du grand danger qui approchait et pour attendre l'inspiration de Dieu. C'est alors que l'Esprit de Dieu saisit Yahaziel au milieu de l'assemblée et dit : *Soyez attentifs, tout Juda et habitants de Jérusalem, et toi, roi Josaphat. Ainsi vous parle Yahvé : Ne craignez point et ne vous effrayez point devant la multitude nombreuse, car ce combat n'est pas le vôtre mais celui de Dieu...*

---

[20] *Note du rédacteur*

Présentez-vous, tenez-vous là, et vous verrez la délivrance que Yahvé vous réserve. Juda et Jérusalem, ne craignez point, sortez à leur rencontre, et Yahvé sera avec vous.

Ils allèrent à la rencontre de l'ennemi en chantant les louanges de l'Eternel. Et tandis qu'ils chantaient, l'Eternel plaça une embuscade contre les ennemis qui se détruisirent entre eux et la Bible dit : *Josaphat et son peuple allèrent prendre leurs dépouilles ; ils trouvèrent d'abondantes richesses et des objets précieux; ils mirent trois jours au pillage du butin qui était considérable.* »[21]

Nous voyons là un récit historique et allégorique si répandu dans la bible : il illustre mieux que mille développements philosophiques nos combats intérieurs et il nous est dit : « Arrêtez ! Et sachez que je suis Dieu ![22] » « Ce combat n'est pas votre combat, mais celui de Dieu » l'Esprit suprême qui est notre Père. Il ne s'agit que d'apprendre à le laisser agir et gouverner nos choix. Il ne s'agit que d'en faire l'expérience. Une petite fois, et il n'est plus possible de l'oublier. Nous touchons là une leçon essentielle de la Vie :

1. conceptualisons dans notre cœur le désir le plus profond qui est le nôtre, celui que nous ne savons pas avouer sans honte de peur d'être moqué tellement il paraît inatteignable par l'être mental que nous manifestons habituellement ; et cette démarche demande parfois du temps, tellement il nous est difficile d'oublier les injonctions négatives reçues dans notre enfance,

2. ensuite, purifions nos intentions concernant ce désir si profond, afin d'en extraire toute négativité : la réalisation de ce désir ne peut être que positive pour soi-même et pour notre entourage,

---

[21] Addington « *De la Louange* »
[22] *Psaume 46 de David*

3. faisons le geste minimum qui est à notre portée là, maintenant sans échafauder mille plans pour réaliser notre dessein,

4. et enfin, lâchons prise sur ce désir : gardons-le bien conscient en notre cœur, chérissons-le, mais acceptons sincèrement dans notre cœur que ce désir ne se réalise pas, sincèrement avec abandon et sans ressentiment,

5. alors, infailliblement nous verrons s'accomplir notre souhait au-delà de notre espérance, d'une façon inimaginable et plus proche de notre besoin profond que nous n'aurions su le définir nous-mêmes.

Voilà ce qui est dit ici.

• **Je demande à l'Eternel une chose que je désire ardemment, je voudrais habiter dans la maison de l'Eternel, jusqu'à la fin de mes jours,**

Nous arrivons à une phase cruciale de notre cœur, lorsque nous avons goûté à la paix et à la sécurité que nous donne la conscience de la présence de Dieu en nous, notre seule demande ne peut plus être que de rester ainsi conscient *à chaque instant de notre vie* de cette présence en nous-mêmes. Nous ne pouvons plus nous en passer, même si cela nécessite une grande discipline pour dompter la personnalité rebelle qui redoute de perdre la fausse sécurité des habitudes. Et, au passage, nous avons ici l'explication du rôle de la douleur, en particulier morale, qui est l'aiguillon nécessaire pour contraindre une personnalité rebelle à entrer dans l'acceptation de la discipline : discipline du cœur pour garder la vision juste de la Vérité. L'inconfort moral est le moteur nécessaire pour nous faire sortir de notre paresse spirituelle qui nous fait croire que notre personnalité est apte à traiter toutes les circonstances de notre vie et à les conduire selon nos propres voies vers nos propres desseins. Nos désirs purs sont divins en nous, mais ce n'est pas en actionnant notre volonté dans la réalisation que nous pouvons les concrétiser : c'est en les visualisant consciemment et en les entourant d'amour et de certitude d'accomplissement puis en lâchant prise que nous les verrons prendre corps.

Car seul le bien est réel et l'illusion du mal disparaît dès que nous nous tournons vers la présence intérieure par la Prière. Et le bien se manifeste toujours lorsque la croyance au mal n'est plus.

- **Pour contempler la magnificence de l'Eternel et pour admirer son temple ;**

Quel beau verset pour exprimer ce qu'est la Prière !

Prier c'est se *retourner*, abandonner la vision matérielle des obstacles et des difficultés pour admettre que l'unique réalité (la Vérité) est sans limite, donc sans obstacle ni difficulté. La prière est le retournement interne pour prendre le contre-pied de l'illusion du mental peureux.

Prier revêt de nombreuses formes. La contemplation en tout être et en toute chose, puis dans son cœur *extasié*, en est la plus haute. Partager le temple ! Rester dans la paix silencieuse et immobile du cœur plein de la certitude d'être centré là où il est sûr d'Être : aimé et aimant sans limite.

Ainsi la lumière, la paix de l'Esprit nous comblent et la plénitude est là.

Retenez bien cela : lorsque vous vous sentez assailli par les doutes, les peurs et la haine, arrêtez-vous ! Et retournez votre pensée, exactement à l'inverse de vos sentiments initiaux, avec calme et sérénité, même si cela paraît difficile.

- **Car Il me protégera dans son tabernacle au jour du malheur, Il me cachera sous l'abri de sa tente, Il m'élèvera sur un rocher.**

Le tabernacle, la tente qui nous protègera contre toute attaque : le psalmiste nous redit que l'Eternel (la conscience de la présence de Dieu dans nos cœurs) est notre bouclier contre nos incertitudes. Sous cette tente nous sommes à l'abri, en paix et rassurés.

Il faut se convaincre que cette seule présence – retrouvée par la prière – nous garde de tout mal, malgré les apparences contraires, et qu'elle nous donne une force inégalable face aux situations de la vie, capables de résister aux troubles les plus graves, comme une maison construite sur le rocher peut résister à l'orage, alors que la maison construite sur le sable est emportée à la première crue.

Sachez bien que malgré ce qu'on vous a enseigné, il ne s'agit pas ici de balivernes, mais bien de l'énoncé d'une loi intangible aussi efficace que n'importe quelle loi de la physique. Et comme tout bon scientifique ne vous arrêtez pas sans avoir expérimenté. Alors la foi dans cette loi vous sera acquise. Seule votre expérience personnelle profonde peut vous conduire à la conviction absolue et définitive de cette vérité éternelle : l'Esprit infini qui nous habite nous protège de toute crainte. Par sa vision tout est *clair*.

Il ne vous sera demandé qu'une seule chose : la persévérance, afin de laver des années de conditionnement au pire.

- **Et déjà ma tête s'élève sur mes ennemis qui m'entourent ;**

Ainsi je domine mes ennemis intérieurs, mes pensées négatives. La tête représente la faculté de connaître la Vérité divine, car c'est en développant notre compréhension que nous triompherons de toute limitation. C'est tout l'objet de ce livre que de montrer que le chemin vers la victoire intérieure est un chemin de compréhension aussi bien que de sentiment vrai.

Tous ces versets présentent inlassablement la même affirmation sous ses divers aspects, afin que nous en comprenions bien l'essence.

- **J'offrirai des sacrifices dans sa tente au son de la trompette,**

Je sacrifierai tous les faux-semblants, toutes les craintes, les peurs, toutes les habitudes de pensées vaines, en les repoussant dans le néant d'où elles viennent[23].

La trompette est symbole de l'action de l'Esprit – l'Eternel des armées – qui balaie les ennemis, qui fait tomber les murailles qui emprisonnent notre être véritable et l'asservissent. Car nos peurs et nos ressentiments nous attachent à notre mal-être, ils nous en rendent esclaves littéralement. En analyse transactionnelle on parle de "timbres négatifs". Nous trouvons de l'intérêt dans nos souffrances, car elle nous justifie pour attirer l'attention du monde que nous croyons indifférent à notre endroit.

Oui ces murailles qui nous emprisonnent tomberont dès que nous le voudrons ! Rappelez-vous les trompettes de Jéricho. Nous sommes là-encore dans ce *retournement* clef de la libération de notre être.

- **Je chanterai, je célébrerai l'Eternel !**

Alors la délivrance sera une telle libération qu'elle me poussera à chanter une action de grâce, la joie de la victoire sur mes craintes éclatera dans mon cœur. La parole est porteuse de force et d'action, *le chant est le plus*[24]. Chanter élève vers les hautes vibrations de l'esprit.

---

[23] *Nous sommes exactement ici dans le cadre de la parabole du jeune homme riche. Tous nous sommes riches de nos certitudes, et nous y tenons plus qu'à toute chose. Nos peurs et nos ressentiments sont les plus grandes de nos certitudes. Pour rien au monde nous ne voudrions y renoncer. Nous écartons alors notre possibilité d'accéder au Royaume : la paix du cœur.*
[24] *Dialogues avec l'Ange. Aubier.*

Atteindre la parole dans la spirale d'évolution de l'âme permet de goûter au pouvoir créateur : la Parole est créatrice. Malheur à celui qui prononce la parole pour détruire et abaisser !

Chanter est le propre de l'âme qui a parcouru un tour de plus en s'élevant sur la spirale de son évolution : le chant c'est la parole plus la joie. Une vibration plus haute, plus près de notre être véritable, divin et sans limite.

- **Eternel écoute ma voix je t'invoque, aie pitié de moi, et exauce-moi ;**

Au sein de la tourmente, je ne me détourne pas, même si le doute me tenaille, je reste tourné vers l'Eternel – la conscience de la présence de l'Etre en soi – et par mes actes confiants je Le laisse agir en moi et à travers moi en suivant mon intuition, cette petite voix qui nous pousse tous vers notre plus grand bien.

- **Mon cœur dit de ta part : cherchez Ma face, je cherche Ta face ô ! Eternel, ne me cache pas Ta face;**

La face de l'Eternel c'est encore la conscience de la présence de Dieu, que l'on peut «voir» avec les yeux de l'âme, lorsqu'on a fait le calme dans son cœur et éloigné les tourmentes des «sentiments», des émotions. « Heureux les cœurs purs car ils verront Dieu », tel est la promesse des béatitudes. Donc purifions notre cœur, c'est-à-dire repoussons toutes les pensées impures venues de nos peurs, ressentiments et haines. Sachons que nous ne sommes pas seuls, quittons le sentiment de séparation pour entrer dans la pureté de la certitude de l'unité avec l'Esprit parfait, libre et tout puissant qui vit en nous, de tout temps.

- Ne repousse pas ton serviteur avec colère, Tu es mon secours, ne me laisse pas ne m'abandonne pas, Dieu de mon salut !

Le psalmiste continue d'invoquer l'Eternel, car les peurs nous donnent l'illusion d'être séparé de Dieu, alors que ce n'est jamais le cas, seuls nos doutes nous coupent de la présence de Dieu en nous. La prière seule nous replace dans cette Présence qui est notre salut, notre seul salut.

Tout au long de ces passages, le psalmiste nous présente la démarche intérieure comme une supplique à une force extérieure comme cela a été l'habitude au cours des siècles. Mais en fait il s'agit de la force de notre vrai Soi, l'Esprit qui nous anime, notre Père, celui que nous entendons dans le silence lorsque notre mental a cessé de faire tant de bruit, fruit de notre imagination et de nos sentiments. Le "clair esprit" des Bouddhistes.

L'Esprit est fait pour dominer deux « cavales » qui forment notre personnalité : l'intellect – siège de la logique et des raisonnements – et l'affectif – siège des sentiments et des émotions. Il est certainement bon d'avoir un intellect puissant et développé. Il est certainement bon d'avoir une capacité émotive forte. Il est sans conteste bon d'avoir une forte personnalité. Mais…, mais il est excellent et indispensable de les maîtriser ! Je ne dis pas les écraser, comme on tend à le faire trop souvent sur les enfants pour avoir le dessus. Non pas écraser mais contrôler. La question est la même que celle du pilotage d'une voiture de course puissante. En absence de contrôle efficace elle va dans le décor ! Eh bien ! Nous allons dans le décor avec une forte personnalité non contrôlée.

- **Car mon père et ma mère m'abandonnent.**

Le monde matériel nous manquera à un moment ou à un autre. Là encore le rédacteur ne prend pas de détour pour affirmer la vérité, celle que nous connaissons tous mais que nous feignons de ne pas voir : le monde nous manquera sûrement et en notre être intérieur repose notre seule vie, notre seule force. Cette partie de nous qui ne meurt pas avec l'arrêt de notre corps : l'esprit, fils de l'Unique, Esprit universel et créateur.

- **Mais l'Eternel me recueillera.**

Dieu, l'Esprit universel, ne nous manquera jamais. A nous de veiller à ne pas nous éloigner de la conscience de Sa présence. Dès que nous revenons – où que nous soyons allés – dès que nous revenons vers notre Père, Il nous accueille sans condition et nous délivre instantanément de ce qui nous tenaille. Vous vivez alors la parabole de l'enfant prodigue qui est reçu par son père avec honneur et joie.

- **Eternel enseigne-moi ta voie et conduis-moi sur le sentier de la droiture, à cause de mes ennemis;**

Cette présence nous donne la force et nous maintient sur le chemin des pensées justes, hors de portée des pensées négatives et destructrices. Elle nous éduque et nous conduit pour nous délivrer de nos ennemis. Les ennemis ici sont toujours les ennemis de l'intérieur, nos peurs, nos doutes.

Nous sommes là à un nœud de l'approche de la Vérité. La conscience de la Présence nous protège, mais lorsque nous ne sommes pas encore sûrs de cette présence nous restons vulnérables. Comment entrer dans cette certitude si il est si difficile, voire impossible, d'y accéder seul ? La réponse est dans la phrase : « il te sera fait selon ta foi », et aussi « si vous aviez une foi aussi petite que cette graine, vous pourriez dire à cette montagne *jette toi dans la mer* et elle s'y jetterait ». Il faut amorcer le processus en nous et une simple prière même mal maîtrisée le permet, car elle amorce l'ouverture du cœur à la présence divine consciente, celle-ci renforçant ensuite la certitude, par l'expérience vécue du soulagement, puis de la guérison et enfin de la santé de l'esprit, la sainteté.

Cela confine à la méthode Coué si décriée. Mais cela est authentique : un peu de foi sincère conduit inéluctablement à beaucoup de foi, puis à la certitude expérimentée du miracle quotidien. Le mécanisme spirituel qui met en œuvre cette loi est la Prière. Répétons-le inlassablement. Toujours la persévérance.

- **Ne me livre pas au bon plaisir de mes adversaires, car il s'élève contre moi de faux témoins et des gens qui ne respirent que la violence.**

Dès lors la conscience de la Présence ne nous laisse plus tomber et nous délivre de ces pensées *obstructives* et destructrices qui, lorsqu'on les laisse se développer, engendrent la violence, car, on le sait bien, c'est la peur qui engendre la haine et les conflits aussi bien à l'intérieur de note cœur que dans le monde.

- **Oh ! Si je n'étais pas sûr de voir la bonté de l'Eternel sur la terre des vivants.**

L'action de l'Eternel n'attendra pas le passage dans « l'autre monde », mais nous est promise ici et maintenant lorsque nous prenons conscience de la présence de Dieu en nous et que nous vivons selon Sa loi. Le bonheur n'est pas uniquement une promesse pour le monde spirituel auquel nous accédons lorsque nous quittons notre corps terrestre, il peut être expérimenté dans cette vie dans la pureté de notre cœur libéré de ses doutes, y compris dans nos activités de tous les jours, que cela soit bien compris !

- **Espère en l'Eternel, fortifie toi et que ton cœur s'affermisse, espère en l'Eternel !**

L'espérance fortifie notre cœur lorsqu'elle est sincère, car elle est certitude d'un meilleur en formation.

5 PSAUME 46 DE DAVID

Psaume 46 de David

Dieu est pour nous un refuge et une aide,
Un secours qui ne manque jamais dans la
détresse ;
C'est pourquoi nous sommes sans crainte lorsque
la terre est bouleversée
Et que les montagnes chancellent au creux des
mers,
Quand les flots de la mer mugissent, écument, se
soulèvent
Jusqu'à faire trembler les montagnes.
Il est un fleuve qui réjouit la cité de Dieu,
Le sanctuaire des demeures du Très-Haut.
Dieu est au milieu d'elle, elle n'est point ébranlée
Dieu la protège dès l'aube du matin.
Des nations s'agitent, des royaumes s'ébranlent
Il fait entendre sa voix et la terre se fond
d'épouvante.

L'Eternel des armées est avec nous,
Le Dieu de Jacob est pour nous une haute
retraite.
Venez contempler les œuvres de l'Eternel, les
ravages qu'Il a opérés sur la terre.
Car c'est Lui qui a fait cesser les combats
jusqu'au bout de la terre.
Il a brisé l'arc et Il a rompu la lance, Il a consumé
par le feu les chars de guerre.
Arrêtez et sachez que Je suis Dieu !
Je domine sur les nations, Je domine sur la terre.
L'Eternel des armées est avec nous, le Dieu de
Jacob est pour nous une haute retraite.

-o-

- **Dieu est pour nous un refuge et une aide,**
  Un secours qui ne manque jamais dans la
  détresse;

C'est une affirmation sans hésitation, ferme et convaincue. Dieu, ce pouvoir sans limite, est pour nous une aide ! Que peut-on espérer de mieux ? Jamais il ne manquera lorsque nous nous sentons effrayés et transis de peur, il suffit de s'en remettre à Lui.

Dans ce psaume nous sommes dans une *affirmation* telle que nous le concevons dans l'ontologie moderne (peut-être n'avons-nous rien inventé dans ce domaine que nos anciens maîtrisaient plutôt bien). La pensée étant créatrice cette affirmation crée en nous un sentiment de protection totale qui nous sort de notre repliement sur nos craintes.

- **C'est pourquoi nous sommes sans crainte**
  lorsque la terre est bouleversée
  Et que les montagnes chancellent au creux des
  mers,

Ce sont bien nos craintes qui sont visées avec le texte puissant que nous reprenons lors de nos difficultés. Et les images utilisées sont à la hauteur du message qui nous est transmis : la terre bouleversée, les montagnes qui chancellent… Nos petits problèmes doivent bien pouvoir être résolus avec notre « association » à Dieu ! Toujours ces images fortes qui nous frappent au plus profond de notre imagination. Ceci nous confère une confiance «à toute épreuve ».

- **Quand les flots de la mer mugissent, écument, se soulèvent
Jusqu'à faire trembler les montagnes.**

La répétition est le cœur de la transmission orale car elle assure que le message sera bien repris au fil des générations sur des centaines et des milliers d'années.

L'image reste saisissante qui nous présente les flots déchaînés avec une telle force qu'ils ébranlent les montagnes. Ici encore nous devons bien comprendre que l'eau est le symbole de nos émotions qui submergent notre cœur lorsque tout semble aller de mal en pis. Ces émotions ébranlent même les certitudes de notre esprit, la foi que nous mettons dans l'Unique Présence, foi symbolisée par la montagne comme toujours dans la Bible.

Quoi qu'il arrive nous pouvons rester sans peur, impavides, même lorsque tout semble s'effondrer autour de nous, en nous maintenant fermes dans la vision de la Vérité de l'Être.

- **Il est un fleuve qui réjouit la cité de Dieu,
Le sanctuaire des demeures du Très-Haut.**

Le fleuve de la Vie qui coule du trône de Dieu représente la compréhension de la Vérité qui est vraiment «d'Eau jaillissante de la Vie » pour ceux qui y atteignent. Il représente la vie consacrée que chaque étudiant de la Vérité divine est censé vivre. La cité de Dieu c'est la conscience de l'homme, la *chambre haute* citée dans Daniel, la conscience où la Lumière de la Vérité commence à briller de nouveau après un assaut de doutes ou de malheurs qui se trouve purifiée par ce fleuve sacré.

- **Dieu est au milieu d'elle, elle n'est point ébranlée**
  Dieu la protège dès l'aube du matin.

La chambre haute est le lieu où réside le Saint Esprit dans l'homme, toujours en contact avec la Divinité par la prière et la contemplation. Elle reste protégée, quoi qu'il advienne et immédiatement : dès l'aube du jour qui se lève sur les tourments de la nuit. La lumière de la compréhension apparaît et chasse l'obscurité de la peur. Cette belle promesse balaie les dernières traces de peur et de doute qui pourraient subsister dans les recoins obscurs de l'âme. Elle peut respirer dans le calme de la sécurité retrouvée.

- **Des nations s'agitent, des royaumes s'ébranlent ;**
  Il fait entendre sa voix et la terre se fond d'épouvante.

Les pensées erronées, les craintes, les doutes, les condamnations de soi-même et ces manquements aux devoirs de toutes sortes qui s'interposent entre nous et notre réalisation de Dieu, peuvent se manifester et nous ébranler. La Présence intérieure fait reculer ces assauts qui retourneront au néant comme des démons repoussés dans la panique aux enfers.

Par la prière constante ils seront chassés, aussi sûrement que Dieu Est, et notre salut surviendra sans qu'il soit possible d'en douter. Les mots du psalmiste sont formidablement évocateurs et porteurs d'une certitude qui nous réconforte.

Ces psaumes sont des mantras très puissants, n'en doutons pas !

- **L'Eternel des armées est avec nous,
  Le Dieu de Jacob est pour nous une haute retraite.**

Jacob représente l'âme qui n'est pas encore rachetée, l'âme qui lutte consciemment contre son imperfection. Israël c'est l'âme qui a réalisé sa nature divine. Le psalmiste nous rappelle que Dieu est la suprême puissance, pour Jacob aussi bien que pour Israël. Et il détruit l'impression que Dieu est loin de nous même lorsque l'âme est encore en recherche de la Lumière.

Nous pouvons affirmer que l'omnipotence est nôtre et travaille pour nous. Nous pouvons penser que ce n'est pas encore le cas, mais dans l'Esprit éternel cela est déjà accompli.

- **Venez contempler les œuvres de l'Eternel, les ravages qu'Il a opérés sur la terre.**

Expression de la gratitude à la gloire de ce Dieu qui œuvre sans cesse avec nous et transforme les conditions qui nous étreignent. L'Esprit domine la Terre (le monde manifesté que nous confondons avec la réalité). Dieu opère des ravages dans nos visions erronées, dans nos erreurs, dans nos peurs et nos protections ridicules (*puisqu'il n'y a rien à craindre*). Dieu rétablit la Vérité dans le monde lorsque nous le laissons agir puisqu'Il ne peut le faire qu'avec notre accord, selon Sa Volonté que nous soyons libres, à Son image.

- **Car c'est Lui qui a fait cesser les combats jusqu'au bout de la terre.**
  Il a brisé l'arc et Il a rompu la lance, Il a consumé par le feu les chars de guerre.

Admirons aussi comme Il désarme dans toutes les parties de notre conscience tout ce qui nous épouvante, non seulement momentanément mais en l'anéantissant à jamais. La guerre, quel nom évocateur pour rappeler les inquiétudes et cette misère qui bouleverse notre vie. La Paix est maintenant présente dans notre cœur qui entre dans la sérénité.

- **Arrêtez et sachez que Je suis Dieu !**
  Je domine sur les nations, Je domine sur la terre.

Voilà la phrase la plus merveilleuse de toute la Bible et qui la résume en entier. C'est cependant ce que nous n'avons pas envie de faire lorsque notre âme est inquiète. « L'esprit charnel » nous emporte dans son propre tourbillon et il nous semble plus facile de nous laisser emporter dans le courant des difficultés que de détourner résolument nos pensées de ces choses et de contempler Dieu qui Seul peut nous aider.

Il existe un temps d'arrêt où il faut cesser notre activité et attendre avec confiance que le calme revienne, quelles que soient les apparences contraires.

Arrêtons-nous dans notre panique et reprenons notre souffle et répétons dans notre for intérieur que «il n'est de Dieu que Dieu», le Tout-Puissant.

- **L'Eternel des armées est avec nous, le Dieu de Jacob est pour nous une haute retraite.**

Le psalmiste réaffirme que Dieu secourt toutes les âmes qui le cherchent sincèrement. "La prière clé maîtresse de la Vie".

6 PSAUME 91 DE DAVID

Psaume 91 de David

Celui qui demeure sous l'abri du Très Haut,
repose à l'ombre du Tout-Puissant.
Je dis à l'Eternel : mon refuge et ma forteresse,
mon Dieu en qui je me confie.
Car Il est celui qui te délivre du filet de l'oiseleur,
de la peste et de ses ravages.
Il te couvrira de ses plumes et tu trouveras un
refuge sous son aile,
Sa fidélité est un bouclier et une cuirasse.
Tu ne craindras pas les terreurs de la nuit, ni la
flèche qui vole de jour,
Ni la peste qui marche dans les ténèbres, ni la
contagion qui frappe en plein midi.
Que mille tombent à ton côté et dix mille à ta
droite, tu ne seras pas atteint ;
De tes yeux seulement tu regarderas, et tu verras
la rétribution des méchants.
Car Tu es mon refuge, Ô ! Eternel.
Tu fais du Très Haut ta retraite,

Aucun malheur ne t'arrivera, aucun fléau
n'approchera de ta tente ;
Car Il ordonnera à ses Anges de te garder dans
toutes tes voies.
Ils te porteront sur leurs mains de peur que ton
pied ne heurte contre une pierre.
Tu marcheras sur le lion et sur l'aspic, tu fouleras
le lionceau et le dragon.
Puisqu'il M'aime, Je le délivrerai, Je le protégerai
puisqu'il connaît Mon Nom,
Il M'invoquera et Je lui répondrai, Je serai près de
lui dans la détresse.
Je le délivrerai, Je le glorifierai, Je le rassasierai de
longs jours,
Je lui ferai voir mon salut.

-o-

Dans ce psaume, le psalmiste met l'accent sur la protection totale qui est accordée à l'âme qui se fie sans réserve à l'Esprit, l'Esprit Subjectif Universel comme le nomme Troward, Esprit qui sous-tend toute chose et tout être.

Pourquoi, me demanderez-vous, pouvons-nous dire que l'Esprit infini – le Très-Haut – est Tout-Puissant et Bien Parfait, qu'Il est Amour et qu'Il est unique ? Nous pouvons reprendre ce qui a été énoncé dans l'Oraison dominicale :

Examinons ce que pourrait être pour chacun de nous cet « infini » : Ce qui est infini ne peut être qu'Un, car supposer qu'il puisse y avoir place pour deux introduirait une limite pour chacun des deux, là où est l'autre. Or l'infini ne peut être limité car il est par définition sans limite. Donc on peut dire sans erreur que l'infini est l'unité absolue. Examinons ce que pourrait être pour chacun de nous cet « infini ».

- *Dans le domaine de l'expression, l'infini est la Vie. La vie est la plus haute expression de Dieu, son expansion dynamique. La vie est infinie variété qui manifeste la créativité sans limite de l'Esprit. Nous n'en concevons qu'une infime partie au cours de notre passage terrestre.*
- *Dans le domaine de la réalité, l'infini est vérité. L'absence de vérité est mensonge, ou ce qui reste caché. Il y a donc introduction d'une limite, d'une séparation, qui sert à cacher ce qui est tu. Dans l'infini sans limite il n'y a aucune place pour cacher quoi que ce soit. La Vérité est l'Unique Réalité de l'Esprit infini.*
- *Dans le domaine de l'accomplissement, l'infini ne peut être que perfection. L'imperfection est vécue comme une limitation, puisqu'il est possible d'imaginer quelque chose de mieux. Si ce "mieux" n'était pas compris dans l'infini, c'est qu'il y aurait quelque chose au-delà de l'infini. Or dans ce domaine-là aussi l'infini est sans limite. Donc*

l'Esprit infini est nécessairement Perfection, puisqu'il n'y a par nature rien entre perfection et imperfection, qui sont exclusives l'une de l'autre.

- *Dans le domaine du sentiment, l'infini est Amour. L'amour est le don sans restriction ni arrière-pensée, c'est l'oubli de soi-même pour tout donner.[25] Le refus de donner, qui est une absence d'amour, introduit une limite qui ne peut être concevable dans l'Esprit infini. Donc l'Amour est infini et l'infini est Amour.*

- *Dans le domaine du jugement, l'infini est le bien. L'infini ignore le mal car le mal résulte d'un manque, d'une absence. Le mal est causé par une limite apparente. L'Esprit infini ne conçoit pas de limite, il ne peut pas concevoir le mal. Le mal n'apparaît donc que dans le fini où il est souffrance due au manque (rappelons-nous que le sens initial de souffrance est « attente »).*

- *Dans le domaine de l'acte, l'infini est tout puissant. L'action est le mode d'expression de l'être dans la manifestation. L'infini peut par définition agir sans contrainte ni obstacle. La moindre impuissance serait une limite qui, par nature, est exclue de l'infini, qui est sans limite dans quelque domaine que ce soit. Ce qui est pour nous miracle n'est en fait que manifestation de l'Esprit en action dans le monde matériel.*

- *Dans le domaine de l'intelligence, l'infini est l'omniscience et la connaissance universelle. Rien ne peut échapper à la conscience sans limite, par nature. La nature même de l'Esprit sans limite est la conscience universelle et intelligence absolue, ce que certains ont approché lors d'expériences aux frontières de la mort.*

- *Dans le domaine de la vision, l'infini est lumière. La lumière de l'Esprit éclaire d'un jour nouveau toutes choses qui prennent un relief et une vitalité indicibles, et rien ne reste dans l'ombre de quelque manière que ce soit. Les ténèbres qui obscurcissent notre vue limitée sont dissipées. La Vérité de l'Être se fait jour et tout devient intelligible sans ombre.*

---

[25] *Dialogues avec l'Ange, Aubier éditeur.*

- *Enfin, dans le domaine de l'être, l'infini est mouvement. L'immuable mouvement ! Rien ne peut être arrêté dans l'infini sans limite, tout coule, évolue, avance, s'accroît et s'amplifie sans fin. C'est ce qui a fait dire aux initiés de la quête spirituelle : le but est le chemin. L'immobile recule…*

Cette approche nous permet d'appréhender un peu la nature de ce qu'EST l'Esprit infini.

Et c'est à cet Esprit infini que le psalmiste nous dit de nous confier sans restriction, cet esprit qu'il appelle le Très-Haut. Dans ce psaume il nous répète, avec des images chaleureuses et parlantes, il insiste longuement dans de nombreux versets sur *la protection totale que l'âme trouve en se tournant vers l'Esprit infini dont elle est issue et qui vit en elle.* Il la conjure de se confier et de voir ainsi se déchirer le voile de l'illusion d'une quelconque séparation de l'être que nous sommes d'avec l'Etre unique. Là est le salut de l'âme, c'est-à-dire qu'alors elle est sauve, intègre et parfaite et baigne dans la plénitude.

- **Celui qui demeure sous l'abri du Très Haut, repose à l'ombre du Tout-Puissant.**

L'abri du Très Haut – tout comme l'Eternel – est la conscience de la présence de l'Esprit universel en soi, le Christ intérieur comme le nomment les pères grecs. Demeurer sous l'abri du Très Haut c'est rester conscient de la présence de l'Esprit en soi-même, c'est contempler la réalité de l'être dans son cœur. Cette attitude éloigne toute peur, de quoi que ce soit : Dieu, le Tout-Puissant œuvre pour nous, en tant que nous, à l'intérieur de nous. Nous pouvons ainsi reposer à Son ombre. Sentez comme cette image orientale du repos à l'ombre pouvait être très puissante pour des hommes du désert après une longue étape dans les étendues arides de leur pays. Il s'agit là d'une affirmation très forte qui ne laisse planer aucun doute dans le cœur de celui qui l'entend. C'est l'expression même d'une

Vérité.

Nous nous reposons sur l'Esprit tout puissant en lui abandonnant toute action pour l'accomplissement de nos désirs légitimes. Vous rendez-vous compte ce que peut représenter la toute-puissance, sans condition, sans limite, bien au-delà de nos attentes les plus « folles ». Il s'agit de la toute-puissance du bien qui s'exprime de la plus parfaite façon dans l'amour, le don fait sans attente de rétribution, de quelque bénéfice que ce soit. Cette toute puissance que vous mettez en œuvre ainsi agit pour votre bien et pour le bien de *tous*. Vous ressentez alors l'accomplissement parfait de votre désir et vous constatez que cela est bon pour tous ceux qui vous entourent et qui vous l'expriment spontanément. Faites-en l'expérience dans l'accomplissement de vos propres désirs si petits qu'ils vous paraissent. Dieu agit pour les « petits » désirs comme pour les « grands », car il n'y a pas de petit et de grand dans l'Esprit.

- **Je dis à l'Eternel : mon refuge et ma forteresse, mon Dieu en qui je me confie.**

Le psalmiste, qui – lui – demeure déjà sous l'abri du Très Haut, parle spontanément à la première personne emporté par son enthousiasme. Il *sait* que l'Eternel, la conscience de la présence de Dieu en soi, est le plus sûr rempart contre ses ennemis intérieurs, la peur, les doutes et les ressentiments : on peut se confier à Lui en sûreté. Il le sait car il l'a déjà pratiqué, soyez-en sûrs !

Tu sais que tu ne crains rien. Réellement *rien du tout*, aucune blessure, aucune affliction, même la mort apparente de ton corps. Ton âme est éternelle et naturellement fille du Très Haut, donc pure, donc intègre. Dès qu'elle abandonne les vaines pensées de limitation, de doute ou de ressentiment, elle retrouve sa liberté divine et entre en jouissance de la paix, de l'amour.

Si tu doutes que cela soit vrai applique la bonne vieille méthode scientifique : essaie, confie-toi à la bienveillance, la bonne-volonté, l'amour, l'harmonie en laissant tomber les ressentiments, les peurs et les douleurs. Et fais-le sincèrement, sans arrière-pensée jusqu'au plus profond de toi, et *avec persévérance* car l'esprit humain est lent et rétif dans son orgueil. Et observe ensuite le résultat avec tout l'esprit critique que tu peux développer. Et alors crois ! Puis deviens sûr !

- **Car Il est celui qui te délivre du filet de l'oiseleur, de la peste et de ses ravages.**

Le psalmiste continue en affirmant que la conscience de la présence de Dieu en soi nous délivre des ennemis intérieurs : idées erronées, peurs, ressentiments, toutes vermines qui rongent notre vie, le trompeur, le « piègeux » comme disaient nos anciens, véritable peste à l'origine de tous les conflits, de toutes les souffrances. Lorsque nous restons enfermés dans nos peurs, nos haines, nous sommes agressifs et malintentionnés, nous refusons l'amour et la bienveillance. Là réside la source de tous les conflits. Les conflits intérieurs comme les conflits entre créatures !

Libère-toi par l'abandon à la Présence, l'Esprit qui t'anime et que tu peux écouter dans le silence intérieur si tu le veux. Il suffit que tu le veuilles et qu'avec discipline tu t'appliques à faire ce silence intérieur. Alors tu vivras le miracle de la révélation de ton être, tu trouveras spontanément ta vraie place dans cette vie et tu accompliras ta tâche, avec joie et sans contrainte. Voilà la grande déclaration !

- **Il te couvrira de ses plumes et tu trouveras un refuge sous son aile,**

Il te protégera, comme la mère protège ses oisillons en les cachant sous ses ailes. Quelle meilleure protection peut-on imaginer ? Nous qui sommes toujours des petits enfants comprenons bien le réconfort qu'il y a à être protégé par « l'aile de la mère ». Voilà une image qui parle à notre cœur. Quelle force s'en dégage, qui nous entraîne et nous enthousiasme ! L'espoir renaît à cette affirmation, la joie peut revenir dans notre âme.

Aime l'Esprit qui vit en toi, comme l'enfant aime sa mère, comme il aime son père. Et sache-toi aimé de Lui qui est plus proche de toi que ton souffle. Prends ainsi confiance puisque plus rien ne peut te nuire. Comme l'oisillon sous l'aile de sa mère.

- **Sa fidélité est un bouclier et une cuirasse.**

Il est le bouclier, la cuirasse pour tous ceux qui se confient à Lui. Nous sommes donc dans le meilleur abri ! Mais ce n'est pas une protection hypothétique, conditionnelle. Non ! Sa fidélité veut dire que cette protection est *toujours* acquise dès que nous la sollicitons spontanément avec confiance et sans calcul vain. On n'insistera jamais assez sur cette permanence de la grâce protectrice de l'Esprit qui vit en nous : Il agit sans autre condition que notre bonne volonté à Le laisser agir.

Dans ces cinq versets le psalmiste affirme donc, et répète sous différentes formes, sur le mode affectionné des conteurs orientaux pour imprégner définitivement notre mémoire, que l'Eternel - la conscience de la présence de l'Esprit en nous – est notre protection parfaite.

Et il va l'illustrer dans les versets suivants par de très belles images. Il va nous exprimer de quoi nous sommes protégés et nous dire quels sont ces ennemis qui nous menacent, puis il nous contera comment cette protection agit !

- **Tu ne craindras pas les terreurs de la nuit, ni la flèche qui vole de jour,**

Les sombres angoisses qui assaillent à la nuit, dans l'obscurité intérieure (la « ténèbre » de la Genèse) n'auront plus de prise sur toi ; les cauchemars n'auront plus de prise sur toi. Qui n'a jamais vécu ces heures difficiles de la nuit où les « soucis » nous assaillent faisant fuir le sommeil réparateur ? Qui n'a lutté longuement contre l'angoisse du lendemain ? Eh bien ! Cela est fini ! Tes ténèbres intérieures seront illuminées par la lumière de la Vérité.

De même, les mauvaises idées conscientes – la flèche qui vole de jour – elles aussi ne pourront plus subsister dans ton esprit.

Quel bonheur d'être délivré de ce qui nous ronge, nous freine, nous fatigue, nous enchaîne, nous harasse ! Oui nous sommes délivrés, oui réellement ! Essayez et vous le vivrez !

- **Ni la peste qui marche dans les ténèbres, ni la contagion qui frappe en plein midi.**

Là encore le psalmiste compare les peurs inconscientes, comme les craintes conscientes à nos maladies, la peste, la contagion. En présence de l'Eternel, la conscience de la présence de Dieu en soi, les peurs collectives disparaîtront. Il n'y aura plus de guerre intérieure ni donc entre nations. Tu seras insensible à toutes ces formes de peur. Elles ne sont qu'illusions nées de notre vaine imagination. Va de l'avant et ne te retourne pas, pour ne pas retrouver ces peurs grossies par ton imagination. C'est le sens du récit de la Genèse à propos de la femme de Loth qui "se retourna et se transforma en colonne de sel". La peur nous figera encore plus qu'avant si nous revenons à nos erreurs.

- **Que mille tombent à ton côté et dix mille à ta droite, tu ne seras pas atteint,**

Même au milieu de la foule des peurs, des ressentiments et de la malveillance, la conscience de la présence de Dieu en toi te protégera de toute crainte. Ne te laisse pas gagner par la peur de l'entourage, sois confiant en l'Esprit qui vit en toi. Tu es comme au milieu du champ de bataille à voir tomber les combattants autour de toi sans que tu sois touché par les traits ennemis. Ton âme devient invulnérable : elle sait qui elle est, la fille du Très Haut. Et comme toujours il s'agit de l'intégrité de l'âme dont la pureté est préservée par l'Esprit qui l'habite, si elle le veut bien.

- **De tes yeux seulement tu regarderas, et tu verras la rétribution des méchants.**

Comment faire ? Car c'est ce qui nous préoccupe le plus : lorsque nous sommes assaillis par nos peurs venues de notre passé et de notre éducation, de tout ce qui a été écrit en nous depuis notre naissance. Eh bien ! Tu garderas ta foi fixée sur la Présence intérieure. Avec tes yeux tu pourras assister au spectacle du monde, et voir la loi de rétribution à l'œuvre autour de toi, sans en être affecté. On est proche du détachement des Bouddhistes.

Tu pourras voir le résultat de l'ignorance, de la peur, du ressentiment autour de toi, mais tu ne seras pas atteint ; tu comprendras que la loi est à l'œuvre, l'éternelle loi du « donner et recevoir ». Nous retrouvons là un très vieux mot très connu mais très mal compris : méchant, participe présent du verbe *méchoir* dont la signification est simplement "*tomber dans le mal*", c'est-à-dire se mettre à penser de façon erronée, accepter les peurs... Que cela ne t'empêche pas d'avoir de la compassion pour ceux qui tombent dans ces pensées *injustes* et de leur tendre la main, mais reste conscient que l'Eternel est ton refuge et que sous Sa protection tu ne peux pas être atteint. Garde la vision *juste* et sans crainte, agis avec bienveillance et bonne volonté pour ce qui est de ta responsabilité, en suivant ce que te dit ta voix intérieure. Et comment faire pour maintenir cette vision intérieure de la Présence ? PRIER !

- **Car Tu es mon refuge, Ô ! Eternel.**

L'Eternel – le centre de ton être, intègre, pur et parfait – est réellement ton unique refuge, définitivement. Lorsqu'en lui tu te confies tu « bâtis ta maison sur le rocher ». Hors de lui point de salut. En lui tout est possible dans la plénitude et la joie, dans le calme et la sérénité, dans la paix et l'amour. Et ce refuge est la Prière ! Affirmative, de louange, d'action de Grâce ou de demande instante, qu'importe, il faut pratiquer la Prière ! Pourquoi cela, Parce que la prière est la manifestation de notre volonté d'accepter la Présence de l'Esprit en nous. Et sans cet acte de volonté résultant de notre libre arbitre (nous sommes à l'Image et selon la Ressemblance de notre Père, l'Esprit) rien n'est possible : la volonté d'accepter que l'action soit celle de l'Esprit infini.

- **Tu fais du Très Haut ta retraite, aucun malheur ne t'arrivera, aucun fléau n'approchera de ta tente ;**

Tant que, par la prière, tu restes conscient de la présence de Dieu en toi et que tu agis en conséquence, tu es sous la protection de l'Esprit Tout Puissant qui est en toi ; tu ne crains rien.

Tu es à l'abri.

Depuis le premier verset du psaume le psalmiste n'a cessé d'affirmer qu'en présence de l'Eternel tu es protégé, tu ne crains rien. Par la répétition imagée il nous imprime la certitude et l'importance de cette promesse. Mais il va aller plus loin encore dans la beauté de cette certitude.

- **Car Il ordonnera à ses Anges de te garder dans toutes tes voies.**

Notre Père, l'Esprit Universel nous donne ses Anges comme

gardiens protecteurs. Qui pourrait rêver une aussi merveilleuse garde ? Jamais dans nos espoirs les plus fous nous n'oserions imaginer un tel don.

Mais le psalmiste l'affirme : Il délègue ses cohortes d'Anges – les esprits bienveillants et emplis d'Amour pour toi, qui guident tes intuitions, qui agissent autour de toi – pour te protéger dans toutes tes actions, dans toute ta vie, quelles que soient les voies que tu prennes. Oui, quelles que soient les voies choisies. Ils sont tes pensées positives, de bienveillance, de tolérance et de bonne volonté ; ils sont tes pensées et tes élans d'amour. Ils te laissent seul face aux épreuves salutaires, pour que tu grandisses, ils te gardent des dangers inutiles. Et ils œuvrent à t'attirer vers l'Amour, le Bien et la Paix du cœur.

Ils ne peuvent rien contre ta volonté, car tu es libre et volontaire. Mais dès que tu leur permets, parce que tu le veux ou que tu l'acceptes, alors ils agissent pour te soutenir, te guider et te garder de tout faux pas. Prie-les souvent, car rien n'est plus triste qu'un ange gardien qui ne peut pas agir :

«… Mais – et c'est le côté tragique de l'existence angélique – cette génialité n'éclate que lorsque l'homme a besoin d'elle, lorsqu'il donne lieu au rejaillissement de ses lumières. L'Ange dépend de l'homme dans son activité créatrice. Si l'homme ne le demande pas, s'il se détourne de lui, l'Ange n'a aucune raison d'avoir une activité créatrice. Il peut alors tomber dans l'état de conscience où toute sa génialité créative demeure en puissance et ne se manifeste point. C'est l'état où on végète, où on vivote, et qui est comparable au sommeil du point de vue humain. Un Ange qui existe pour rien, c'est une tragédie dans le monde spirituel.»[26]

N'aie jamais de réticence à demander à ton Ange Gardien son soutien, au contraire fais-le toujours. Nomme-le, et sollicite-le, car il

---

[26] *Auteur anonyme « Méditation sur les 22 arcanes majeurs du tarot. » Aubier éditeur.*

est porteur de tes désirs profonds et légitimes et il te conduira sur le chemin de leur réalisation. Et il te conduira toujours vers l'Esprit Unique, Dieu, car jamais les Anges ne s'interposent entre le Créateur et la créature. Ils la soutiennent pour qu'elle aille au-devant du Père, parfois avec un grand sens de l'humour et toujours avec le sens divin de l'Amour.

- **Ils te porteront sur leurs mains de peur que ton pied ne heurte contre une pierre.**

Tu seras transporté au-dessus des vicissitudes du monde, et les obstacles devenus inutiles pour ta croissance seront effacés de ton chemin. Tu agiras dans le monde en étant hors du monde – hors d'atteinte du monde, hors d'atteinte des apparences, des *illusions*, ces pensées qui font prendre l'effet pour la cause, qui font prendre les événements extérieurs pour les causes alors que seules tes pensées profondes conscientes et inconscientes sont les causes de ta vie et des événements qui en pavent le cours.

Protégé par tes Anges, tu ne trébucheras plus sur les obstacles que sont les tentations de critique, de pouvoir et de domination du monde, ou de peur, de ressentiment et de haine. Tu pourras donner libre cours à la réalisation de tes désirs réels animé par l'esprit d'équanimité, de paix, de bienveillance, de bonne volonté et d'amour envers le monde et envers toi-même. Alors tu domineras ton destin car tu seras à ta vraie place ici et maintenant. Attache tes pensées sur cette vue et ne te retourne pas ! Ainsi tu ne heurteras aucun obstacle sur ton chemin. *Heureux les doux car ils hériteront la terre.*[27]

- **Tu marcheras sur le lion et sur l'aspic, tu fouleras le lionceau et le dragon.**

Tu domineras, par la conscience de la présence de Dieu en toi,

---

[27] Cf. Emmet Fox : les Béatitudes.

toutes les peurs conscientes et inconscientes, même les plus enracinées et les plus sournoises, car oubliées. Le psalmiste les identifie aux animaux qui nous font peur, pour bien nous faire prendre conscience de nos sentiments désastreux. Elles n'auront plus de prise sur toi.

Et maintenant le psalmiste va nous dire comment on reste dans la conscience de la présence de Dieu, dans son cœur. Qui ne voudrait connaître un tel secret ? Or, ce n'est pas un secret mais une promesse : une des lois de l'Esprit, aussi sûre que les lois de la physique. Oui nous devons nous convaincre que les lois de la spiritualité sont aussi sûres que les lois de la physique. Si je saute du vingtième étage je sais que je supporterai les conséquences presque sûrement mortelles pour mon corps. Lorsque je transgresse les lois de l'Esprit, j'en supporte de même les conséquences qui sont aussi terribles, pour mon âme. Alors seule la grâce éternelle peut la sauver au nom de l'Amour.

- **Puisqu'il M'aime, Je le délivrerai, Je le protégerai puisqu'il connaît Mon Nom,**

C'est la promesse de Dieu, c'est la Loi de l'Esprit. L'Amour nous délivre, l'Amour nous protège : prendre conscience de la présence de Dieu, le *Christos*, l'Amour inconditionnel délivre des servitudes intérieures, des peurs qui limitent, des craintes qui rongent la vie. Il protège de toute attaque des mauvaises pensées, des pensées de restriction et de crainte, *pour peu qu'on le prie, qu'on l'invoque, par son Nom*. Voilà la grande conclusion du psaume : se mettre sous l'abri du Très Haut, c'est <u>prier</u> ! C'est une certitude *scientifique*.

Nommer c'est dédicacer, dire qui il est et donner sa mission, et les moyens d'agir : voilà pourquoi le nom est quelque chose de si important. Dans la Genèse, l'Esprit unique donna à l'homme le pouvoir de nommer les animaux, rappelez-vous.

- **Il M'invoquera et Je lui répondrai, Je serai près de lui dans la détresse.**

La Prière - l'invocation de Son Nom ! - est le *seul* moyen d'entrer en contact avec le Christ en soi, la conscience de la Présence de Dieu, le centre de son être. A la moindre alerte, et quoi qu'il en soit, tous les jours, il faut invoquer Dieu dans son cœur, prier en rétablissant dans son esprit la Vérité, de l'unique réalité, de sa perfection protectrice. Et alors Il est près de nous, nous protégeant de nos propres pensées destructrices où nous sommes plongés par notre détresse, déesse maléfique de nos illusions peureuses.

Mais prier revêt de nombreuses formes. L'invocation à haute voix est une forme, la méditation en est une autre, plus élevée. La contemplation de la Vérité en tout être et en toute chose, puis dans son cœur *extasié*, est la plus haute. La contemplation : partager le temple ! Rester dans la paix silencieuse et immobile du cœur plein de la certitude d'être centré là où il est sûr d'Être : aimé et aimant sans limite.

- **Je le délivrerai, Je le glorifierai, Je le rassasierai de longs jours, Je lui ferai voir mon salut.**

Par cela nous sommes réellement sauvés, paisibles, dans la joie et la plénitude : nous nous sommes vidés de tout le fatras de nos idées toutes faites accumulées au cours du temps et emplis de la certitude de baigner dans l'Amour absolu qui donne, sans demander quoi que ce soit. Nous sommes alors comblés et *pleins*. Nous recevons le salut de Dieu, nous sommes un avec Lui. Notre Père. Et nous sommes alors pleinement nous-mêmes, sains et saufs.

7 ESAÏE 35

Esaïe 35

Le désert et la terre aride se réjouiront, la solitude
s'égaiera et fleurira comme un narcisse,
Elle se couvrira de fleurs et tressaillira de joie avec
chants d'allégresse et cris de triomphe.
La gloire du Liban lui sera donnée, la magnificence
du Carmel et de Saron.
Ils verront la gloire de l'Eternel, la magnificence de
notre Dieu.
Fortifiez les mains languissantes, affermissez les
genoux qui chancellent ;
Dites à ceux qui ont le cœur troublé : prenez courage,
ne craignez point,
Voici votre Dieu, la vengeance viendra, la rétribution
de Dieu.
Il viendra Lui-même, et Il vous sauvera.
Alors s'ouvriront les yeux des aveugles,
Entendront les oreilles des sourds,
Alors le boiteux sautera comme un cerf,
La langue du muet éclatera de joie !
Car des eaux jailliront dans le désert,

Des ruisseaux dans la solitude.
Le mirage se changera en étang,
Et les terres desséchées en sources d'eaux,
Dans le repaire qui servait de gîte au chacal
Croîtront des roseaux et des joncs.
Il y aura là un chemin frayé, une route qu'on appellera
la Voie Sainte. Nul impur n'y passera.
Elle est pour eux seuls :
Ceux qui l'emprunteront, même les insensés, ne
pourront s'égarer.
Sur cette route point de lion, nulle bête féroce ne la
prendra,
Nulle ne s'y rencontrera ; les délivrés y marcheront.
Le passé s'est évanoui, les rachetés de l'Eternel
retourneront,
Ils iront à Sion avec chants de triomphe ;
L'éternelle joie couronnera leur tête.
L'allégresse et la joie s'approcheront, la douleur et le
gémissement s'enfuiront.

-o-

- **Le désert et la terre aride se réjouiront, la solitude s'égaiera et fleurira comme un narcisse,**
  Elle se couvrira de fleurs et tressaillira de joie avec chants d'allégresse et cris de triomphe.

La prière débute par un acte de foi splendide, comme doivent débuter toutes les prières. Le psalmiste commence par ce qui est sans doute pour un oriental la plus grande affirmation de la foi en Dieu : le désert se transforme en jardin fleuri et exubérant.

Il veut illustrer l'état d'âme de celui qui trouve la Présence dans son cœur, l'état de certitude sereine de la Foi. Car l'être qui ressent au plus profond de lui la confiance de l'Amour inconditionnel doit inévitablement éprouver cette allégresse triomphale et la floraison indicible du monde qui l'entoure.

La beauté et la bonté baignent son esprit.

- **La gloire du Liban lui sera donnée, la magnificence du Carmel et de Saron.**

Ici les images sont tirées de la vie quotidienne des hommes

de pays plutôt désertiques. Le Liban était le pays où "coulaient le lait et le miel". Les monts couronnés de cèdres sont une vision idyllique faisant rêver les caravaniers.

La gloire du désert rendu fertile est à la mesure de son ancienne aridité : l'âme touchée par la grâce chante sa réjouissance, elle est comblée de splendeurs, d'harmonie et de beauté.

- **Ils verront la gloire de l'Eternel, la magnificence de notre Dieu.**

Quand vous aurez donné à Dieu la première place dans toutes vos actions et dans tous vos choix, votre vie deviendra plus simple et plus calme, dans le vrai sens, elle sera plus riche et plus digne.

La Gloire de Dieu, c'est l'illumination intérieure de l'âme qui marche dans la félicité à chaque pas de sa vie sur terre, même au milieu des désastres apparents.

- **Fortifiez les mains languissantes, affermissez les genoux qui chancellent ;**

La main représente le pouvoir de la manifestation ou la capacité d'exprimer les idées de Dieu sur le plan physique. La main languissante est l'âme qui tarde à faire d'abord le choix de Dieu dans toutes ses pensées, ses paroles et ses actes.

Donc cette injonction nous commande de nous libérer de nos médiocrités, de nos renoncements et de nos négativités, de refuser de les accepter et de tendre vers l'harmonie et la liberté par l'acceptation de la Vérité de l'Amour, de la Lumière de Dieu en nous.

Pour maintenir cette vision qui nous fortifie, nous devons prier sans désespérer et affirmer sans cesse notre certitude.

- **Dites à ceux qui ont le cœur troublé : prenez courage, ne craignez point,**
  Voici votre Dieu, la vengeance viendra, la rétribution de Dieu.

  Il viendra Lui-même, et Il vous sauvera.

Il faut toujours prier sans crainte jusqu'à ce que nous ayons obtenu l'harmonie, la paix et la liberté. Si Dieu intervenait dans notre vie sans avoir été appelé par nos prières, notre libre arbitre serait abrogé et nous perdrions notre identité. Or ceci est impossible car contraire à la loi de l'Être.

En priant nous conduisons l'Esprit à envahir notre cœur et apaiser nos craintes. La vengeance dont on parle ici est un terme technique de la Bible qui veut dire action de Dieu dans notre cœur : l'action de Dieu, qui exhausse notre prière, accomplit la loi de l'Être, comme la loi de rétribution qui agit au niveau où nous maintenons notre esprit. Comme cette Loi est la Loi du bien parfait, vous êtes sauvé par elle lorsque votre regard reste tourné vers la Perfection divine.

Croyez bien qu'il ne s'agit pas d'une utopie mais sachez que l'expérience de la prière véritable qui reconnaît à Dieu la Puissance de la Vie, fait vivre cette sereine félicité au plus profond de vous.

- **Alors s'ouvriront les yeux des aveugles,
  Entendront les oreilles des sourds,**

  Alors le boiteux sautera comme un cerf,

  La langue du muet éclatera de joie !

C'est un chant de triomphe, de joie et de délivrance, la célébration la plus magnifique de la puissance de Dieu qu'on n'ait jamais écrite. Quelle promesse !

C'est une affirmation éclatante de la guérison. Rien n'a été omis : les aveugles, les sourds, les muets et les boiteux seront délivrés et rendus à la santé par la puissance de Dieu. La guérison du corps est une des manifestations les plus glorieuses du Christ Universel. La guérison du corps est importante, mais ce qui est essentiel c'est le développement spirituel de l'âme. Qu'est-ce que la guérison si ce n'est le témoignage extérieur du progrès accompli dans le développement spirituel.

L'aveugle voit ! Le don de la perception spirituelle est ce qui est promis lorsque l'on prie. Le sourd entend ! L'entendement spirituel est la récompense de la prière. Le boiteux marche ! Les esprits boiteux se redressent en exerçant librement leur faculté spirituelle. Le muet parle ! La langue représente l'empire, le pouvoir spirituel de l'homme, l'acquisition du pouvoir du Logos, le mot créateur.

- **Car des eaux jailliront dans le désert,
  Des ruisseaux dans la solitude.**

  Le mirage se changera en étang,

  Et les terres desséchées en sources d'eaux,

Quelle image de résurrection ! Dans le désert une coupe d'eau vaut son pesant d'or ! Quelle action de grâce !

La joie de l'âme qui retrouve sa vraie nature, fille de Dieu qui "marchait avec Dieu lors de la Création", est exaltée dans ce passage de la plus belle des façons.

- **Dans le repaire qui servait de gîte au chacal
  Croîtront des roseaux et des joncs.**

On se rend compte dans cette affirmation de l'existence

des "cavernes" de notre nature, qu'on appelle subconscient. Une chose n'est pas détruite parce qu'elle est refoulée. Au contraire, les sentiments et les pensées, et surtout les sentiments que nous ne voulons pas affronter franchement, acquièrent une force mauvaise très grande quand ils sont accumulés dans le subconscient et deviennent des complexes qui veulent gouverner tous nos choix, toutes nos actions, engendrant une grande souffrance.

Or Esaïe savait cela et en les désignant sous le nom de chacals il ne pouvait choisir un nom plus juste. Le prophète nous promet que par la prière ils seront chassés, exterminés, et que leur repaire deviendra un champ paisible.

- **Il y aura là un chemin frayé, une route qu'on appellera la Voie Sainte. Nul impur n'y passera.**

Ici se situe une révélation transcendante de la Bible : le Prophète s'élève de plus en plus haut sur les vagues de l'inspiration qui l'emporte. Il a une vision éblouissante du salut de l'humanité. Pour l'individu aussi c'est une promesse d'un retour triomphant vers Dieu, vers notre salut. La résignation, loin d'être une vertu, est en fait une violation de la Loi de l'Être. Maintenant que la voie est ouverte, la résignation à la médiocrité et au manque d'harmonie n'est qu'un euphémisme pour désigner la paresse et la lâcheté.

Il y a un chemin frayé : c'est une voie large et accessible à tous et dont ceux qui observent les usages peuvent se servir à droits égaux. L'enfant prodigue est de retour et accueilli à bras ouverts.

- **Elle est pour eux seuls :**
  Ceux qui l'emprunteront, même les insensés, ne pourront s'égarer.

Personne n'a le droit d'élever de barrière, d'en empêcher l'accès aux autres ou d'exercer des droits de propriété. Ce chemin est ouvert à tous ! Le Prophète l'appelle la Voie Sainte : c'est le chemin de la sainteté, celui de la santé de l'âme, la libération des craintes obsédantes de la vie.

Aucun degré de faiblesse ou de culpabilité ne peut empêcher l'homme d'entrer dans ce Sentier, si vraiment il le veut ; mais bien plus, même le manque de puissance intellectuelle ou d'instruction ne peut l'en exclure. En réalité, nous n'avons pas besoin d'apporter ni connaissance ni sagesse sur le Sentier, c'est le rôle du Sentier de nous les dispenser.

La prière confiante nous pose au contact de la Vérité qui nous guide dans la claire lumière de l'esprit comme le disent les Bouddhistes. Il ne nous est plus possible d'errer dans des chemins périlleux. Nous ne pouvons plus nous égarer.

- **Sur cette route, point de lion ; nulle bête féroce ne la prendra,**
  Nulle ne s'y rencontrera; les délivrés y marcheront.

Une fois sur le Sentier, nous subirons encore des peines et des difficultés comme autrefois, pendant un certain temps tout au moins, mais maintenant elles s'échappent de nous-mêmes ; elles émergent des profondeurs de notre personnalité, parce qu'elles n'ont plus le droit d'y être, et qu'il faut en finir avec elles une fois pour toutes.

- **Le passé s'est évanoui, les rachetés de l'Eternel retourneront,**
  Ils iront à Sion avec chants de triomphe ;

Les « rachetés de l'Eternel » sont ceux qui ont réalisé, non seulement cru, mais réalisé leur Unité avec leur Christ intérieur ; qui ont compris que ce Christ c'est eux-mêmes en réalité, et en vérité qu'il n'est pas près d'eux, ne leur appartient pas, mais leur est identique.

Le passé s'est évanoui : ici nous avons une vérité constante que la Réalité de l'être se situe dans un éternel présent. Le passé n'existe pas, sauf dans notre mémoire, le futur n'est pas là. Seul le présent est la réalité dans laquelle nous baignons. Cette vision tellement contraire à notre perception habituelle est la porte d'accès à la Vie dans sa plénitude et son accomplissement permanent. Source de joie ineffable.

- **l'éternelle joie couronnera leur tête.**

La tête symbolise toujours la compréhension parfaite de la vérité du Christ, bien différente de la foi aveugle ou des élans sentimentaux. La Joie est bien vécue alors.

- **L'allégresse et la joie s'approcheront, la douleur et le gémissement s'enfuiront.**

Le poème se termine par une promesse formidable qui réconforte un enfant qui doute !

8 PSAUME 25 DE DAVID

Psaume 25 de David

Eternel ! J'élève à toi mon âme.
Mon Dieu ! En toi je me confie ;
Que je ne sois pas couvert de honte !
Que mes ennemis ne se réjouissent pas à mon sujet !
Tous ceux qui espèrent en toi ne seront pas confondus
;
Ceux-là seront confondus qui sont infidèles sans
cause.
Eternel ! Fais-moi connaître tes voies, enseigne-moi
tes sentiers.
Conduis-moi dans ta Vérité et instruis-moi ;
Car tu es le Dieu de mon salut, tu es toujours mon
espérance.
Eternel ! Souviens-toi de ta miséricorde et de ta bonté,
Car elles sont éternelles.
Ne te souviens pas des fautes de ma jeunesse
Ni de mes transgressions ;
Souviens-toi de moi selon ta miséricorde,
A cause de ta bonté, ô Eternel !
C'est pourquoi il montre aux pécheurs la voie.
Il conduit les humbles dans la justice,

Il enseigne aux humbles sa voie.
Tous les sentiers de l'Eternel sont miséricorde et
fidélité
Pour ceux qui gardent son alliance et ses
commandements.
C'est à cause de Ton Nom, ô Eternel !
Que Tu pardonnes mon iniquité,
Car elle est grande.
Quel est l'homme qui craint l'Eternel ?
L'Eternel lui montre la voie qu'il doit choisir.
Son âme reposera dans le bonheur,
Et sa postérité possédera le pays.
L'amitié de l'Eternel est pour ceux qui le craignent,
Et son alliance leur donne instruction.
Je tourne constamment les yeux vers l'Eternel,
Car il fera sortir mes pieds du filet.
Regarde-moi et aie pitié de moi,
Car je suis abandonné et malheureux.
Les angoisses de mon cœur augmentent ;
Tire-moi de ma détresse.
Vois ma misère et ma peine, et pardonne tous mes
péchés.
Vois combien mes ennemis sont nombreux,
Et de quelle haine violente ils me poursuivent.
Garde mon âme et sauve-moi !
Que je ne sois pas confus,
Quand je cherche auprès de toi mon refuge !
Que l'innocence et la droiture me protègent,
Quand je mets en toi mon espérance !
Ô Dieu ! Délivre Israël de toutes ses détresses.

-o-

- **Eternel ! J'élève à toi mon âme.**
  Mon Dieu ! En toi je me confie ;

Le psalmiste nous fait dire que nous voulons trouver Dieu, l'Éternel. Je m'engage sur le chemin qui conduit à la découverte de Dieu en moi, là où le créateur a placé au cœur de mon esprit un fragment de Lui-même, la petite voix qui me guide si je l'écoute. J'élève à toi mon âme : je me mets en route comme un pèlerin, sachant que ce chemin sera long et cahoteux. Mais je me confie car je veux garder toute confiance en Dieu mon Père.

C'est le chant d'espérance de celui qui s'en remet aux mains de Dieu.

Une telle affirmation est porteuse de la puissance divine et crée dans notre esprit un état de calme réceptivité de l'amour de Dieu.

- **Que je ne sois pas couvert de honte !**
  Que mes ennemis ne se réjouissent pas à mon
  sujet !

Mes fautes ne me couvriront pas d'opprobre car mon Père les efface et me protège de la récidive (mes ennemis intérieurs, la tentation de me croire séparé, seul dans un monde hostile et dangereux). Je demande au Père Éternel de me protéger de moi-même, en m'accordant la force d'aller plus avant dans l'acceptation de Sa Volonté, qui est l'Amour, et la foi dans l'unité de la Création dont je fais partie avec tous mes frères. L'acceptation de la Vérité est la clé de la paix intérieure, du soulagement de nos tourments. "Mon joug est léger" nous dit Jésus.

- **Tous ceux qui espèrent en toi ne seront pas confondus ;**
  Ceux-là seront confondus qui sont infidèles sans cause.

Les êtres qui gardent leur foi en Dieu, avec tous Ses attributs Amour, Vérité, Droiture, ne pourront pas être découverts comme faux témoins de la Présence car ils sont justes et ils "verront Dieu" comme promis par notre Maître de Nazareth.

Seule l'infidélité, alors qu'on sait, peut nous "confondre", nous faire retomber. Est-ce que ceci ne nous rappelle pas la Chute du porteur de lumière qui a cru qu'il était arrivé ? Nous devons bien comprendre que la fidélité à Dieu est due sans fin tout comme le chemin du pèlerin est sans fin. Le but est le chemin. Dieu est toujours au-delà de ce que nous sommes mais plus nous avançons vers Lui plus son aide est manifeste et réjouissante.

Ceci s'explique par le fait que se croire arrivé revient à se sentir séparé de ceux qui avancent toujours. Nous ne pouvons pas nous croire à l'égal de Dieu, Lui Qui est, alors que nous sommes en devenir éternellement.

> **Eternel ! Fais-moi connaître tes voies,**
> **enseigne-moi tes sentiers.**
> **Conduis-moi dans ta Vérité et instruis-moi ;**
> **Car tu es le Dieu de mon salut, tu es toujours**
> **mon espérance.**

Oui, l'Eternel nous instruit et nous sauve, dès que nous le voulons, ce qui est le cas lorsque nous espérons vraiment en Lui et que nous entreprenons le pèlerinage. Plus nous nous confions à Dieu plus son aide est manifeste, dans chaque petite décision et à chaque instant, chaque jour.

Nous sommes instruits par le parcours que nous suivons et la Vérité se dévoile progressivement. La suite du chemin se manifeste à notre conscience à chaque étape achevée. Il peut même y avoir des journées de repos comme dans les courses à étapes (nous n'avons rien inventé!)

> **Eternel ! Souviens-toi de ta miséricorde et de**
> **ta bonté ;**
> **Car elles sont éternelles.**
> **Ne te souviens pas des fautes de ma jeunesse**
> **Ni de mes transgressions ;**

**Souviens-toi de moi selon ta miséricorde,
A cause de ta bonté, ô Eternel !**

Lorsque nous nous engageons sur le chemin allant à Dieu, nous laissons derrière nous nos erreurs passées qui semblent encore peser sur notre âme. Le psalmiste nous dit que la miséricorde de Dieu est sans limite et que la décision de prendre la route divine nous fait pardonner tout ce que nous avions pu faire avant.

Dans cette voie nous demandons notre pardon à Dieu qui est toujours prêt à l'accorder puisque notre sincérité est authentique. Son Amour est tel qu'Il recherche toujours notre repentir, le retour du petit enfant vers ses parents après ses bêtises. Comme toujours le repentir, qui est devenu une espèce de viatique permanent pour mieux continuer nos erreurs, est beaucoup plus que certains l'estiment : c'est juste la reconnaissance complète de l'erreur d'appréciation que nous commettions. Notre vision fausse de la vérité que nous avions entrainait toutes nos erreurs et nous étions blessés par ces erreurs. La reconnaissance de la Présence en nous Qui nous pousse à voir la réalité de l'Être dans nos frères de route et en nous-mêmes, c'est la miséricorde du Père Éternel.

- **C'est pourquoi il montre aux pécheurs la voie.
  Il conduit les humbles dans la justice,
  Il enseigne aux humbles sa voie.**

Suivre l'enseignement de Dieu, notre Père, nous conduit à la réussite : la vision juste. Et l'enseignement de Dieu se fait par l'apprentissage. Le petit enfant apprend à marcher en essayant, pas en analysant. Une petite aide est nécessaire jusqu'à ce que la marche devienne spontanée. Il en est de même pour l'apprentissage de notre divinité en perpétuelle croissance. La confiance en l'Éternel est la petite aide qui nous permet d'apprendre sans trop de mal.

- **Tous les sentiers de l'Eternel sont miséricorde et fidélité,**
  Pour ceux qui gardent son alliance et ses commandements.

Cette vision nous maintient sur le chemin qui conduit à Dieu, la perfection, la joie qui sont notre but réel, être un avec le Créateur, car sur ce chemin nous gardons Ses préceptes. Ici encore le psalmiste nous redit encore et encore que le chemin se parcourt grâce à la confiance (cette foi mutuelle source d'une force indomptable).

Tout ce psaume nous parle de la confiance et de la fidélité. C'est quand même une sacrée règle de vie ! Avec et sans jeu de mots.

- **C'est à cause de ton nom, ô Eternel !**
  Que tu pardonnes mon iniquité,
  Car elle est grande.

Le fait de connaître le nom de Dieu et de l'invoquer est déjà suffisant pour que Dieu entre action en nous, quel que soit l'état de notre âme. C'est la grâce de la prière !

Ici encore la confiance en Dieu, notre unique réalité, et l'abandon de nos doutes et craintes dans la foi en Dieu sont les portes de la réalisation de notre être réel. Même avec les iniquités antérieures, aussi grandes soient-elles, tout va bien puisque nous nous engageons dans la voie.

- **Quel est l'homme qui craint l'Eternel ?**
  L'Eternel lui montre la voie qu'il doit choisir.
  Son âme reposera dans le bonheur,
  Et sa postérité possédera le pays.

L'homme qui craint l'Eternel est celui qui le cherche, alors Il lui montre le chemin et notre volonté de Le suivre suffit, car Dieu nous transmet Sa force pour le parcourir. Alors tout devient facile et la paix et la joie entrent dans nos cœurs. La possession du pays veut dire que par la foi que nous plaçons en Dieu nous maitrisons notre vie terrestre avec l'aide de notre Père qui œuvre en nous. "Ce n'est pas moi qui fais les œuvres, mais le Père en moi".

Alors ce que nous accomplirons sera un éternel bienfait pour tous.

- **L'amitié de l'Eternel est pour ceux qui le**
  craignent,

Et son alliance leur donne instruction.

Vouloir suivre l'Eternel ("le craindre") nous donne toutes les indications nécessaires pour avancer dans la bonne direction. Dans la méditation et la prière toutes les réponses à nos interrogations nous parviennent spontanément, il suffit de les entendre.

* **Je tourne constamment les yeux vers l'Eternel,**
  Car il fera sortir mes pieds du filet.
  Regarde-moi et aie pitié de moi,
  Car je suis abandonné et malheureux.
  Les angoisses de mon cœur augmentent ;
  Tire-moi de ma détresse.

Lui seul nous sort de la détresse où nous sommes, et la prière qui nous ramène à la Présence est le moyen de récupérer aux moments de doute. Lorsque nous avançons, il est souvent des moments où le doute s'installe et où la somme de tout ce que nous avons vécu de négativité, de manquements, de peur avec son cortège de décisions "imbéciles" nous submerge : la prière et la réaffirmation de l'unique Présence, l'Éternel nous en sortira. Car nous mettons en œuvre une Loi spirituelle inflexible : je suis ce que je pense.

- Vois ma misère et ma peine, et pardonne tous mes péchés.
  Vois combien mes ennemis sont nombreux,

  Et de quelle haine violente ils me poursuivent.

N'ayons pas peur de présenter à Dieu tous nos défauts, toutes nos fautes, qui sont nos jugements, nos négativités, nos peurs irraisonnées… Et nous savons bien comment ils nous poursuivent sans cesse, et nous terrassent. Regardons en face tout ce que nous avons fait de travers, sans culpabilisation et sans faiblesse. Alors pardonnons-nous, sincèrement et avec la volonté de changer par l'acceptation de ce qui est. Le pardon n'est pas seulement vouloir refuser les conséquences de la blessure éprouvée, mais c'est essentiellement reconnaître qu'il n'y a pas eu de blessure, que l'apparente blessure n'est qu'une erreur d'interprétation de la réalité par notre perception limitée.

- Garde mon âme et sauve-moi !
  Que je ne sois pas confus,
  Quand je cherche auprès de toi mon refuge !
  Que l'innocence et la droiture me protègent,
  Quand je mets en toi mon espérance !

L'Eternel nous garde de cela, car lorsque nous voyons dans notre cœur sa présence, nos craintes refluent et l'espoir chante à nouveau dans nos cœurs, et l'acceptation nous délivre, la Sainte Obéissance.

La prière est le refuge auprès de notre Père, à jamais.

- **Ô Dieu ! Délivre Israël de toutes ses détresses.**

Nous sommes délivrés. Israël dans le texte biblique représente l'âme délivrée. L'âme qui a retrouvé son Père.

REMERCIEMENTS

Merci pour ce chemin parcouru à vos côtés.

Comme vous le voyez nombreuses sont les aides qui nous sont données pour peu que nous y prêtions attention. Nous avons à notre disposition une source d'inspiration divine inépuisable. Nous y trouvons tout ce dont nous avons besoin pour "pèleriner", avancer sur le chemin de grande randonnée spirituel. Dans notre besace de chemineau emportons tous ces textes si puissants, ils sont notre nourriture journalière, le pain de vie.

Alors apprenons-les par cœur afin d'en disposer dans les passages difficiles de la route vers Dieu. Nous y puiserons le réconfort nécessaire en y retrouvant leur sens réel.

Même si je ne peux pas faire quelque chose, alors que je me sens limité dans ma condition humaine, alors, sans faillir, je proclame : quelqu'un vit en moi qui peut le faire et le fera, une fraction de l'Absolu, notre Père. C'est cela le triomphe de la foi.

Il n'est besoin que d'une chose en fait, prendre la main qui nous est tendue, la main du Père qui nous attend dans l'Éternité, c'est-à-dire ici et maintenant. Répondons OUI à Dieu dans notre cœur et la Lumière se manifestera instantanément et inéluctablement.

Maintenant et brièvement il convient de faire pièce de l'idée qu'une religion conduit plus sûrement qu'une autre à la communion avec Dieu, l'Être des Êtres, tel que nous l'entrevoyions au début de cet ouvrage. Si vous osez aller voir les fonts des principaux courants religieux ayant traversés notre monde au cours des âges, vous découvrirez avec peut-être de l'étonnement mais certainement avec émerveillement qu'au tréfonds des Védas, dans les passages lumineux du Prem Sagar, au sein des plus grands enseignements Bouddhistes comme dans le Tao Te King, résident les mêmes vérités que nous avons tenté de dégager de la Bible. Il existe un Corpus pratiquement unique décrivant la réalité de l'être et du chemin conduisant à sa révélation dans notre cœur.

N'hésitez pas à rencontrer Angelus Silesius, allez au-devant de Lao Tseu, revoyez Platon et Socrate, pénétrez dans les secrets du Livre Tibétain des Morts ou dans celui des Égyptiens, alors vous verrez que l'humanité a depuis longtemps la prescience de la Réalité de l'Être. L'homme depuis toujours a connu Dieu en lui-même.
Les Maîtres enseignants n'ont jamais manqué sur la Voie.

Merci encore pour votre présence : il est bon de marcher ensemble.

À PROPOS DE L'AUTEUR

Ingénieur, l'auteur de formation scientifique et technique s'est trouvé confronté à la difficulté de concilier les enseignements religieux reçus dans sa jeunesse et les avancées scientifiques qui ont ouvert le chemin du vingt-et-unième siècle.

Ayant comme chacun traversé des souffrances personnelles intenses la prière est devenue un outil de maîtrise de la conscience.

Celle-ci s'est alors ouverte au message fondamental que nous transmettent les principaux ouvrages de références en matière de religion et plus exactement de spiritualité authentique.

Retraité, il a eu besoin de partager sa vision et son expérience. Delà le présent ouvrage.